아시아문화연구소　Asia+ 시리즈 3

필리핀 국민동화
바샹 할머니 이야기

스토리와 콘텐츠 활용

필리핀 국민동화 바샹 할머니 이야기: 스토리와 콘텐츠 활용

초판 1쇄 인쇄 2018년 11월 23일

초판 1쇄 발행 2018년 11월 30일

지은이 권혁래

펴낸이 이방원

기 획 아시아문화원

편 집 윤원진 · 김명희 · 안효희 · 강윤경 · 정조연

디자인 박혜옥 · 손경화 **영업** 최성수 **마케팅** 이미선

펴낸곳 세창출판사

출판신고 1990년 10월 8일 제300-1990-63호

주소 03735 서울시 서대문구 경기대로 88 냉천빌딩 4층

전화 02-723-8660

팩스 02-720-4579

이메일 edit@sechangpub.co.kr

홈페이지 http://www.sechangpub.co.kr

ISBN 978-89-8411-791-4 04910

       978-89-8411-788-4(세트)

이 도서의 국립중앙도서관 출판시도서목록(CIP)은 서지정보유통지원시스템 홈페이지(http://seoji.nl.go.kr)와 국가자료공동목록시스템(http://www.nl.go.kr/kolisnet)에서 이용하실 수 있습니다. (CIP제어번호: CIP2018038784)

이 저서는 국립아시아문화전당의 지원을 받아 수행된 연구입니다.

아시아문화연구소　Asia⁺ 시리즈 3

필리핀 국민동화
바샹 할머니 이야기

스토리와 콘텐츠 활용

권혁래 지음

세창출판사　ACC Asia Culture Center

FILIPINO NATIONAL FAIRY TALE, THE STORIES OF GRANDMOTHER BASYANG

나는 대학원 석박사 과정에서 한국 고전소설을 전공했고, 학위를 받은 이후 고전문학의 현대적 전승 양상을 살피면서 근대 한국 동화를 연구하고 있다. 2016년 7월, 나는 영어공부를 좀 해야겠다고 마음을 먹고 필리핀에 갔다. 필리핀에 간 건 그때가 처음이었다. 마닐라시에 있는 라살 대학에서 4주 과정으로 어학연수를 하고 있었는데, 일요일에 서점 구경을 갔다가 거기서 우연히 '바상 할머니 이야기'를 '만났다'. 세브리노 레예스란 작가 이름도 알게 되었다. 그가 1925년부터 1942년까지 17년에 걸쳐 매주 주간지에 400여 편의 동화를 발표했다는 사실을 알고 깜짝 놀랐다. 원작은 타갈로그어로 쓰였는데, 내가 고른 책은 다행히 영어로 번역된 것이었다. 책에 수록된 열두 작품을 읽다 보니 재밌었고, 색달랐고, 어느 순간 한국 동화와의 연관성도 찾을 수 있겠다고 생각했다. 한국에 이 동화집이 소개되었나 찾아보니, 이 동화집을 번역하거나 연구한 사람이 아무도 없었다. 연구자와 논문을 검색해 보니 한국에 필리핀 설화나 동화 연구자가 없는 것 같았다.

4주 과정을 마치고 한국에 돌아와 책을 읽으면서 초역을 끝냈다. 재밌었다. 문득, '문외한인 내가 필리핀 동화를 연구해도 될까?' 하는 생각이 들었다. 그러다가 학술대회에서 '바상 할머니 이야기'를 읽고 분석한 내용을 간략히 발표하였다. 얼마 뒤 발표한 글을 보완해서 학술지에 논문을 투고했고, 다행히 심사를 통과해 논문이 출간되었다(『필리핀 전래동화 개척자 세브리노 레예스의 『바상 할머니 이야기』 고찰』). 장님 코끼리 만지는 수준인 나의 필리핀 동화 연구는 이렇게 시작되었다.

2017년 봄, 아시아문화원으로부터 '바상 할머니 이야기' 저술 프로젝트에 대한 지원이 결정되었다는 소식을 들었다. 낯선 주제를 관심 있게 보고 지원해 주는 곳이 있다는 사실이 기뻤고, 큰 격려가 되었다.

자료조사 계획을 세우고 필리핀 국립대학과 라살 대학의 홈페이지를 뒤지며 연구자를 검색했다. 10여 명의 교수에게 이메일을 발송했고, 그중 한 분으로부터 답신을 받았다. 그분의 초청을 받고 2017년 7월 초, 필리핀 국립대학을 방문했다. 도서관에 들어가 마이크로필름을 돌리며 1920~1930년대 주간지의 원문자료를 일부 찾아보고, 책으로 출간된 작품집과 논문, 연구서를 찾아보았다. 놀랍게도 거의 모든 자료가 타갈로그어로 쓰여 있었다. 절망스러웠다. 영어 번역자료는 2016년도에 내가 샀던 한 권이 전부였다. 그림책은 영어 텍스트가 있었지만, 축약본이라는 생각에 그때는 눈에 들어오지도 않았다.

필리핀 국립대학(이하 UP로 약칭) 필리핀어문학과 롬멜 로드리게스(Rommel B. Rodriguez) 교수와 인터뷰를 하다가, 그가 툭 던진 "선생님께서 영어로 번역하셔야 되겠네요"라는 말을 듣고 생각이 바뀌었다. 그랬다. 유일한 해결방법은 타갈로그어 작품을 영어로 번역하는 것이었다. 전혀 계획에 없었던 일이라 막막하였지만, 나는 며칠 동안 사귀었던 UP 아리랑 동아리 학생들에게 이 일을 부탁하기로 했다. 다행스럽게도 학생들은 선뜻 나서 주었다. 얼떨결에 학생들의 도움을 받아 두 권의 작품집을 영어로 번역하는 작업을 시작했다. 한국으로 돌아오기 전날까지 매일 아침 도서관으로 출근하여 나는 서지작업 및 한국어 번역작업을 하고, 네 명의 학생들은 영문 번역작업을 진행하였다. 사이사이 UP와 아테네오 대학 교수들을 인터뷰하는 행운을 얻어 궁금한 것들에 대해 듣고, 논문과 자료들도 소개받았다. 마닐라 시내의 서점들에 들러 아동문학 코너를 둘러보았는데, 아동문학 서적이 꽤 많아 보였다. 그림책 코너에는 외국동화, 학습동화, 창작동화 등 다양한 책들이 진열되어 있었다. 필리핀의 신화나 민담을 그림책으로 만든 것도 많았는데, '바샹 할머니 이야기'의 그림책 시리즈가 서가 중앙에 진열되어 있던 것이 인상적이었다.

8월 초 한국으로 돌아오기 이틀 전, 타갈로그어 자료의 영문 번역 작업을 마치며 첫 번째 고개를 넘었다. 그리고 그 며칠 전, 나는 도서관에서 새로운 자료들을 발견하고 연구보조 리더 학생에게 요약작업을 부탁한 뒤 귀국하였다. 그 학생은 몇 명의 동아리 학생들을 지휘하며 한 달 뒤 60여 편의 작품 요약원고를 보내왔다. 세상에! 긴 분량의 작품을 요약한다는 게 결코 쉽지 않았을 텐데 …. 성실하고 우수한 학생들의 도움으로 두 번째 고개도 가까스로 넘었다. 그들에게 고맙고, 충분한 사례를 하지 못한 점이 미안하다.

세 번째 고개는 영어 텍스트를 한국어로 번역하는 작업이었다. 귀국 후 영어 자료를 다시 한국어로 번역하면서, 작품을 읽고 분석하고 정리하고, 목록과 표를 만드는 작업을 병행했다. 길지 않은 시간 동안에 연구실에서, 카페에서 집중력을 발휘해 작업하였다. 그리고 그 1차 연구결과를 이 책에 담았다.

아테네오 대학 필리핀어문학과의 크리스틴 벨렌(Christine S. Bellen) 교수는 나에게 '바상 할머니 이야기'는 필리핀을 대표하는 근대 문학 유산이라고, 적어도 40대 이상이라면 누구나 어릴 적부터 보고 들으며 자랐을 거라고 말해 주었다. 그런 작품에 대해 한국인 문외한이 글을 쓰게 되었다. 주제넘은 짓이라는 생각이 없지 않았지만, 호기심이 이 작업을 계속하도록 나를 이끌었다.

짧은 시간이었지만 필리핀에 머물면서 필리핀에 대해, 필리핀과 한국의 관계에 대해 생각하였다. 필리핀은 1571년부터 1945년까지 스페인, 미국, 일본에게 연이은 식민통치를 겪은 나라다. 우리에게는 35년의 일본 식민지 생활이 그렇게 혹독했는데, 우리보다 열 배가 넘는 시간을 견뎌야 했다니 …. 그 사실은 내 마음을 무겁게 했고, 필리핀에 연민과 동질감을 느끼게 했다. 필리핀은 1949년, 대한민국이 전 세계에서 다섯 번째로 수교한 국가이다. 1950년 6월 25일 한국전쟁이 일어나자, 필리핀은 한국만큼 가난했지만 1950년 9월부터 1953년 5월까지 연인원 7,400명의 군인을 파병하여 대한민국을 위해 싸워 줬다고 한다. 마닐라 시의 한 공원에서 한국전쟁 파병기념비를 발견하고,

112명이 한국전에서 전사했다는 것을 알고 마음이 뭉클했다. 박현모 전 마닐라 한인협회 회장님으로부터 1960년대 서울의 장충체육관이 당시 필리핀의 기술지원을 받고 지어졌다는 이야기, 마닐라와 서울 간에 농구교류가 활발했다는 이야기 등을 듣고 한국과 필리핀의 관계에 대해 좀 더 생각하게 되었다.

나의 '바샹 할머니 이야기' 연구는 한국과 필리핀이 각기 일본과 미국으로부터 엄혹한 식민통치를 받았다는 점, 그러한 시대적 배경에서 거의 같은 시기에 자국인 작가가 옛이야기를 바탕으로 한 동화를 발표·출판했다는 사실 등에서 영감을 받고 시작되었다. 1925년 세브리노 레예스가 타갈로그어로 '바샹 할머니 이야기'를 발표하기 시작했을 무렵, 한국에서는 1926년 경성사범 부속 보통학교 교사이자 한글 연구자인 심의린이 최초의 한글동화집 『조선동화대집』을 발간하였고, 1930년에는 일본 와세다 대학에서 민속학을 공부하던 손진태가 『조선민담집(朝鮮民譚集)』을 일본에서 간행하였다. 제국주의 국가의 식민통치를 받던 시절, 자국의 민담 및 옛이야기에 눈뜬 작가가 이야기 유산을 채록·정리하여 동화를 창작하고, 출판·구연하는 행위가 한국과 필리핀에서 같은 양상으로 진행되었다는 점이 흥미로웠다. 이 책에는 내가 '바샹 할머니 이야기'를 읽고 느끼고 조사한 것에 대한 이야기를 기록하였다.

이 책을 펴내기까지 도와주신 분들께 감사의 말씀을 드린다. UP 딜리만 캠퍼스 영문과의 릴리 로즈 토페(Lily Rose Tope) 교수님은 내가

UP에서 방문연구를 할 수 있도록 도와주셨고, 도서관을 이용하고 사람들을 만날 수 있도록 배려해 주셨다. 교수님의 친절한 배려에 진심으로 감사드린다. 같은 대학 필리핀어문학과 롬멜 로드리게스 교수는 필리핀 문학에 대해, 세브리노 레예스에 관해 전반적으로 소개해 주었다. 필리핀 최고의 '바샹 할머니 이야기' 전문가이자 아테네오 대학 필리핀어문학과 교수인 크리스틴 벨렌은 기꺼이 인터뷰를 승낙해 주었고, 내가 궁금해하는 것들에 대해 답변해 주었다. '바샹 할머니 이야기' 자료 목록을 제공하고, 그림책, 영화, TV 쇼, 발레 등의 콘텐츠로 제작되는 상황에 대해 설명해 준 점에 특별한 감사의 마음을 전한다. '바샹 할머니 이야기'의 번역과 각종 일을 도와준 UP 아리랑 동아리의 안젤리카 사미아(Angelica Samia) 양, 크리젤 리카로(Crizel Ricaro) 양, 데이나 앤다야(Dana Andaya) 양, 다니엘 델라 크루즈(Daniel Dela Cruz) 군에게 마음으로부터 감사의 인사를 전한다. 안젤리카와 크리젤 양은 친구가 되어 주었다. 이 친구들의 도움이 없었다면 이 연구는 시작도 못 했을 것이다.

이 일을 도와주신 라살 대학 외국어학당의 현종광 원장님, 현종호 전무님, 경남대 신훈 과장님, 말리한(Ms. Maribeth Malihan), 박현모 마닐라 한인협회 전 회장님, UP 한국학연구소의 배경민 선생께도 감사의 말씀을 드린다. 인연이 있어 만났고 이분들께 큰 도움을 받았다. 일본어로 된 필리핀 동화자료를 같이 강독하고, 바샹 할머니 이야기 자료에 대해 기꺼이 자신의 의견을 덧보태 주신 숭실대 일문과 조은애 교

그림 1 '바샹 할머니 이야기'의 번역을 도와준 UP의 학생들. 왼쪽부터 안젤리카 양, 크리젤 양, 데이나 양, 다니엘 군.

수님께 감사의 말씀을 드린다. 영문 번역의 초고를 꼼꼼하게 검토해 준 한국외대 영어통번역학과 권순비 군에게도 고맙다는 말을 전한다. 권순비 군은 늘 책임감 있고 순발력 있게 도와주었다. 필리핀 인명 발음과 타갈로그어 작품 제목을 최종 교정해 주신 시흥시 다문화강사 김샤론 선생님께 감사의 말씀을 전한다. 마지막으로 새로운 작업을 할 수 있도록 적극 지원해 주신 안재연 팀장님을 비롯한 아시아문화원의 담당자들께 깊은 감사의 말씀을 드린다. 책의 출판을 책임져 주신 김명희 편집장님, 타갈로그어와 영어, 한글로 된 복잡한 작품 제목과 인명을 일일이 체크하고, 거친 문장들을 꼼꼼히 교정 봐 주신 편집자님께 특별한 감사의 마음을 전한다.

2018년 11월 권혁래

필리핀 국민동화 바샹 할머니 이야기

차례

1장

한국과 필리핀,
동화라는 연결고리

전래동화(fairy tale)는 주로 민담(folktale)을 원텍스트로 하여 아동들의 취향에 맞게 내용과 문장 등을 개작한 근대문학 장르로, '동화' 또는 '옛이야기'라는 용어로 불리기도 한다. 근래 한국 구비서사 연구자들은 근대 초기의 민담 또는 동화가 '민족성'과 '근대성'을 드러내는 측면에 주목하며, 조선총독부 및 일본인 학자들과 한국인 작가들 간의 동화에 대한 인식 차, 교육 및 활용의 면을 규명하고 있다. 한일 간 전래동화의 형성에 대한 연구에서는 근대 초기 제국과 식민지 간의 특수한 '민족성'을 파악하는 상이한 시각이 발견된다.

　　한국 문학사에서 구전설화가 채록되어 문자화되고, 또 그중의 일부가 동화의 형태로 재화(再話)되고 출판되기 시작한 것은 1910년대 초의 일이다. 조선총독부는 조선의 민족문화 동화(同化) 정책을 펼치며 조선의 설화자료를 수집하고 이를 전래동화로 선집·개작하여 아동교육에 활용하려 했다.[1] 한편으로는 이와야 사자나미(巖谷小波), 다카하시 도루(高橋亨), 다카기 도시오(高木敏雄), 다나카 우메키치(田中梅吉), 마쓰무라 다케오(松村武雄) 등 근대 일본의 신화 및 동화 연구자들도 근대 한국의 설화를 수집 및 연구하고, 동화로 재화하기도 하였다.[2]

　　다른 한편에서는 최남선, 이광수, 방정환, 심의린, 손진태 등 근대 한국의 문학·교육계 인사들이 민족운동의 일환으로서 설화 연구와 전래동화 모집, 아동교육운동을 실천하였다. 1913년 최남선은 아동잡지 《아이들보이》를 발간하였는데, 고전소설 〈흥부전〉을 개작한 〈흥부 놀부〉를 《아이들보이》 2호와 3호(신문관, 1913년 10~11월)에 연재하였다. 방정환을 비롯하여 손진태, 강우촌, 박달성 등은 《어린이》, 《개벽》 등의 잡지에 자신들이 발굴한 설화와 재화한 전래동화를 발표하였다. 1926년에는 보통학교 교사이자 한글 연구자인 심의린이 『조선동화대집』을 출간하였고, 1930년에는 일본 와세다 대학에서 민속학을 공부하고 있던 손진태가 자신이 채록한 조선의 설화자료를 엮어 일본어판 『조선민담집(朝鮮民譚集)』을 발간하였다.[3] 1940년 박영만은 『조선전래동화집』(학예사)을 간행하였다.

나는 근대 한국 동화의 형성 및 성격에 대해 연구하면서, 범위를 넓혀 근대 시기에 일본이나 다른 아시아 지역에서 전래동화가 어떻게 형성되고 어떠한 스토리와 성격을 지니고 있는지 살펴볼 필요가 있다는 생각이 들었다.[4] 2016년 여름, 나는 필리핀 마닐라 시에 있는 라살 대학(De La Salle University)을 한 달 동안 방문한 적이 있다. 다른 목적으로 간 것인데, 우연히 시내 서점을 들렀다가 거기서 얇은 『필리핀 민담집』을 발견했다. 계획에 없던 독서가 시작되었다. 〈원숭이와 악어 이야기〉, 필리핀판 신데렐라 이야기로 보이는 〈황금 슬리퍼〉 등은 나름 흥미로웠다.

그다음 주에는 좀 더 큰 서점에 갔다가 『바샹 할머니 이야기 정선 (The Best of Lola Basyang)』(1997)이라는 책을 발견했다.[5] 그건 민담이 아니라 동화집이었다. 필리핀 하면 영어만 쓰는 것으로 아는 사람들이 제법 있는데, 그렇지 않다. 필리핀 사람들에게 영어는 공용어이고, 공부해야 쓸 수 있는 말이다. 일상에서는 타갈로그어나 다른 민족어로 의 사소통하는 사람들이 많다. 서점에도 영어 책보다 타갈로그어 책이 훨씬 많은데, 행운이 따르지 않았다면 영어로 된 이 『바샹 할머니 이야기 정선』을 발견하지 못했을 것이다.

라살 대학에서 영어를 공부하는 동안, 필리핀 선생님께 '바샹 할머니 이야기(Mga Kuwento ni Lola Basyang)'에 대해 설명을 듣고 작품을 강독하였고, 밤에는 숙소에서 혼자 읽었다. 덕분에 한국에 돌아오기 전, 책을 절반 가까이 읽고 대강의 내용을 파악했다. 나는 그 작품들에서 근대 한국이나 일본의 일국문화적 특징과는 다른, 다문화적 특징을 발견하였다. 세브리노 레예스가 필리핀의 국민적인 동화작가라는 사실도 알았다. 필리핀이 해양국가라는 특성상 개방성이 커서 그런지, 300년이 넘는 스페인 식민지 경험이 스토리와 정서에 묻어 있는 점을 발견하고, 그 이국적이고 독특한 성격에 매력을 느끼게 되었다. 귀국 후 한국구비문학회 학술대회에서 발표 기회를 얻어 이 동화집의 내용과 성격에 대해 발표하고 조언을 얻었으며, 필리핀의 민담 및 동화에 대한 연구가 한국 전래동화 연구에 시사점을 주리라 생각하며 연구를 시작하였다.

필리핀은 7,107개의 섬으로 구성되어 있으며, 1억 492만 명(2017년 기준)에 달하는 인구가 영어와 타갈로그어 등을 공용어로 사용하고 있는 다민족 국가이다. 필리핀은 1521년 마젤란이 이끄는 선단이 이 나라에 상륙한 뒤 1571년부터 1898년까지 300년이 넘는 기간 동안 스페인의 식민통치를 받았다. 이 기간 동안 필리핀 사람들은 스페인을 비롯한 멕시코, 중국, 인도 등과 교류하면서 다양한 해외문화를 경험하였다. 19세기 말 스페인 총독부에 맞서 독립투쟁이 거세게 일어났지만, 불행하게도 1898년부터는 미국의 식민통치를 받기 시작했고, 일본이 태평양전쟁을 일으키면서 1943년부터 1945년까지는 일본의 식민통치를 받았다. 이런 까닭인지 필리핀의 민담 및 동화에는 스페인 및 유럽, 미국과 중국, 일본 등의 외래문화와 다양한 문학적 요소가 섞여 있는 듯하다.

필리핀의 민담이 동화로 발표된 것은 〈원숭이와 거북이(The Monkey and the Turtle)〉가 처음이라고 한다. 이 작품은 오랫동안 구승되던 이야기를, 필리핀 독립운동의 아버지라 불리는 호세 리잘(Jose Rizal)이 1886년 영어로 발표하면서 처음 문서로 기록되었다. 필리핀의 대표 동물 캐릭터로 알려진 원숭이와 거북이의 대결 형식으로 약자의 재치와 꾀를 강조한 이 우화는 재미와 교훈성을 갖춰 그 뒤로도 많은 필리핀 사람들로부터 사랑받고 있다.

필리핀의 민담은 20세기 초, 인류학 및 민속학적 관심을 지닌 외국인 연구자들에 의해 본격적으로 채록되었다. 맥스필드(Berton L. Maxfield)와 밀링턴(W. H. Millington)의 『비사얀 민담(Visayan folktales)』(1906/1907), 베이리스(Clara Kern Bayliss)의 『필리핀 민담(Philippine folk-tales)』(1908), 베네딕트(Laura Watson Benedict)의 『바고보(Bagobo) 신화(myths)』(1913), 콜(Mabel Cook Cole)의 『필리핀 민담(Philippine Folk Tales)』(1916) 등

은 전래하던 필리핀 신화, 전설, 민담에 대한 가장 이른 시기의 연구 논문 및 자료집이었다.[6] 오늘날 필리핀의 대표적인 창조신화로 알려진 〈창조 이야기〉, 〈달과 별들은 어떻게 만들어졌는가?〉 등은 미국의 작가이자 인류학자 콜 여사가 출판한 『필리핀 민담』에 처음으로 기록되었다. 필리핀 연구자들이 자국의 설화문학을 조사하고 연구한 것은 훨씬 뒤의 일이었다. UP 영문과 교수였던 다미아나 유헨류(Damiana L. Eugenio, 1921~2014)는 1960년대 이래 1980년대에 이르는 동안 필리핀의 신화, 전설, 민담 등을 광범위하게 수집·정리하여 『필리핀 신화집』, 『필리핀 전설집』, 『필리핀 민담집』, 『필리핀 서사시』 등을 발간하였다.

1925년, 세브리노 레예스는 필리핀 작가로는 처음으로 자국의 민담을 동화 형식으로 재창작하여 발표하였다. 동화는 전래하던 민담을 어린이 독자들을 교육할 목적으로 스토리텔링한 근대 서사 장르라는 점에서 민담과 성격을 달리한다. 세브리노 레예스는 필리핀의 오랜 전통생활과 문화를 담은 이야기뿐 아니라, 당대의 이야기, 외국의 문학제재까지도 적극적으로 활용하여 동화를 창작하였다. '바상 할머니 이야기'에 관한 한, 세브리노 레예스는 그 누구보다 왕성하게 활동한 '동화 스토리텔러'이다. 그는 1925년부터 1942년까지 타갈로그어로 400편 이상의 '바상 할머니 이야기' 시리즈를 지어 매주 《리와이와이(Liwayway)》라는 주간 문예지에 발표하였다. '바상 할머니 이야기'는 세브리노 레예스의 사후, TV 드라마, 애니메이션, 단행본, 발레, 뮤지컬, 만화, 그림책 등 콘텐츠로 제작되며 대중들의 사랑을 받고 있다.

레예스의 동화는 한국에서 소개되거나 연구된 적이 없다. 그에 앞서 필리핀을 포함하여 동남아시아 국가의 민담에 대한 소개와 연구 자체가 매우 드물었다.[7] 필리핀 국내에서는 레예스의 작품집 출판 및 연구논문 발표가 이뤄졌지만, 해외에서는 번역된 것이 없다. 아마존 온라인 서점과 해외논문 검색 사이트로 출판물이나 연구논문을 검색해 본 결과, 미국이나 유럽 학계, 일본 학계에서도 레예스 및 그의 동화에 대해서는 거의 연구한 적이 없는 것으로 파악된다. 나는 이 책에서 먼저, 세브리노 레예스가 1925년 5월 22일부터 사망한 해인 1942년까지 발표한 '바샹 할머니 이야기'의 총목록을 파악하고, 현전하는 텍스트의 서지사항 및 내용을 정리할 것이다. 1960년대부터 현재까지 50여 년의 시간은 세브리노 레예스의 '바샹 할머니 이야기'가 필리핀인들에게 국민동화로 검증되고 다양한 미디어콘텐츠로 제작·보급되는 과정이었다. 그 기간 동안 간행된 '바샹 할머니 이야기' 출판물과 제작·공연된 라디오 드라마, TV 쇼, 연극, 발레 등을 '동화콘텐츠 활용'이라는 관점에서 고찰할 것이다.

한국의 신화와 민담은 1910년대 이래 '동화'라는 옷으로 갈아입고 새로운 모습으로 탄생하였다. 한국의 고전문학은 1910년대에 최남선에 의해 출판·번역·연구되기 시작하였고, 해방 뒤에는 1961년 『한국고전문학대계』(민중서관) 출판을 시작으로 지금까지 20여 종의 '한국고전문학전집', 40여 종의 '우리고전 시리즈', '그림책 시리즈' 등으로 출판되었고, 영화나 TV 드라마, 게임, 창극 등으로 제작되어 국민들에게, 대학생과 청소년, 아동에게 보급되고 있다. '바샹 할머니 이야기'가 필리핀에서 근대 고전으로, 국민동화로 인식되면서 출판물과 다양한 미디어콘텐츠로 제작·활용되는 과정은 한국의 경우와 견주어 볼 때 시사점이 적지 않을 것으로 보인다. 한국과 필리핀 사이에는 동화라는 연결고리가 있다. 이제부터 '바샹 할머니 이야기'가 탄생하고 보급되고, 변화하는 시대에 적응하며 독자에게 다가가는 과정을 살펴볼 것이다.

2장

17년간 연재된
'바샹 할머니 이야기'

19세기 말 필리핀에서는 300여 년간의 스페인 식민통치를 종식시키려는 독립운동이 이어졌고, 노동자와 소작농을 중심으로 무장투쟁 혁명이 일어났으며, 1898년 필리핀의 독립영웅 안드레 보니파시오(Andres Bonifacio)는 마침내 스페인으로부터의 독립을 선포하였다. 하지만 필리핀이 스페인으로부터 완전한 독립을 얻어 내기도 전에, 미국-스페인 전쟁에서 승리한 미국은 1898년 12월 10일 파리 조약을 맺고 필리핀을 새로운 식민지로 편입하였다.

미국의 식민치하였지만, 필리핀은 1907년 최초의 선거를 실시하여 상하원을 구성하는 데 성공했다. 하지만 필리핀의 귀족들은 미국의 식민지 체제에 기생하여 자신의 농장을 넓히는 데에만 관심을 두었고, 노동자와 농민들은 여전히 가난한 생활을 벗어날 수 없었다.[8] 앞서 소개한 20세기 초의 필리핀 신화, 민담에 관한 논문 및 자료집은 대부분 미국 식민지 체제하에서 필리핀을 방문하였던 미국인 연구자들에 의해 이뤄진 것으로 보인다.

그런 상황에서 필리핀 정부의 전직 관료였고 20세기 초부터 극작가로 이름을 떨치고 있던 세브리노 레예스는 1925년부터 필리핀의 민담을 바탕으로 동화

그림 2 세브리노 레예스의 초상.

를 지어 발표하기 시작하였다. 식민지 체제하에서 식민지 국가의 작가 및 연구자가 자국의 신화와 민담을 채록하여 출판하거나, 아동들을 위한 동화로 창작하는 행위는 민족의식의 발흥, 근대 민족국가의 수립과 일정한 관련성을 보여 준다. '바샹 할머니 이야기'는 세브리노 레예스가 1925년 5월 22일, 필리핀의 타갈로그어 주간지《리와이와이》에 첫 작품을 발표하면서 이 세상에 모습을 드러내었다.

'롤라 바샹', 곧 '바샹 할머니'라는 사람은 적지 않은 필리핀 사람들이 아직까지도 실제 인물로 알고 있다. 그러나 '바샹 할머니'는 허구적 인물로, 타갈로그 극장의 선구자이자 타갈로그 연극의 아버지라 불리는 세브리노 레예스의 필명이었다. 레예스는《리와이와이》잡지의 설립자이자 첫 번째 편집자이기도 하다.

1861년 11월 11일, 마닐라 산타크루스에서 태어난 레예스는 산 후안 데 레트란 대학(Colegio de San Juan de Letran)에서 공부하고, 산토 토마스 대학(University of Santo Tomas)에서 철학과 문학 전공으로 문학사 학위를 받았다. 그는 한때 필리핀 정부의 재정부에서 근무하였고, 후에 식료품 가게와 레몬에이드 공장을 설립하였다. 레예스는 문단의 후발 주자였다. 놀랍게도 그는 42세인 1902년에 처음 글을 발표하기 시작해 1942년 9월 15일에 사망하기 직전까지 40년 작가생활 동안 26편의 자르주엘라스(Zarzuelas: 스페인의 민속 희곡 장르, 뮤지컬 형태의 연극)와 22편의 희곡, 그리고 400여 편 이상의 '바샹 할머니 이야기'를 발표하는 등 필리핀 서민들의 삶을 다룬 많은 문학유산을 남겼다. 그는 "타갈로그어 문학의 아버지"로 불리는데, 희곡으로는 〈상처 없음 (No Wounds)〉, 〈마지막(Last)〉, 〈민다 모라(Minda Mora)〉, 〈큐피드의 포로 (Cupido's Captives)〉, 〈위대한 마음(Great Hearts)〉, 〈지갑(Kalupi)〉 등이 유명하며, 그중에서도 특히 미국의 필리핀 도착과 정복을 그린 작품들은 최고로 꼽힌다.

'바샹 할머니 이야기'는 타갈로그 주간 문예지 《리와이와이》에 1925년 5월 22일 금요일에,[9] 〈페리킹의 피리(Ang Plautin ni Periking)〉가 첫 작품으로 실리는 것을 시작으로 매주 금요일마다 한 편씩 실렸다. 바샹 할머니 이야기 시리즈의 첫 작품이자 대표작으로 인식되고 있는 〈페리킹의 피리〉는 부모 없는 삼형제 중 막내 페리킹(Periking)이 어떤 노인으로부터 신비한 마법 도구를 얻어 사악한 주지사와 싸워 이기고 주지사의 딸과 결혼한다는 내용의 이야기다.

주간 문예지 《리와이와이》

'Liwayway'는 '여명', '새벽'을 뜻하는 타갈로그어로, 이 잡지에는 매주 새로운 화보, 그림, 계몽적 이야기, 소설과 동화 등이 두루 소개되었다. 이 잡지는 1922년 돈 라몬 로세스(Don Ramon Roces)에 의해 시작되었다. 잡지는 스페인어, 타갈로그어, 영어 등 세 가지 언어로 구성된 독자적인 스타일을 확보했다. 세 언어를 한 잡지에서 사용한다는 아이디어는 스페인어, 영어, 타갈로그어를 사용하는 국내외 필리핀 독자를 모두 잡겠다는 의미였다.

하지만 이 잡지는 그리 인기를 끌지 못했고, 잡지의 판매부수는 점차 줄어들었다. 그러자 돈 라몬 로세스는 여성 이슈를 중심으로 한 새로운 타갈로그어 잡지를 출간하였고, 수많은 독자들이 《리와이와이》를 새롭게 구독하기 시작하였다. 바샹 할머니 이야기는 1925년부터 1942년까지 17년간 《리와이와이》의 고정 레퍼토리로 자리 잡아 매주 빠짐없이 실렸고, 큰 인기를 모았다고 한다.

《리와이와이》는 필리핀 근대문학 형성에 큰 공헌을 했는데, 호세 코라존 데 헤수스(Jose Corazon de Jesus), 플로렌티노 콜란테스(Florentino Collantes), 줄리안 발마세다(Julian Cruz Balmaceda), 세실리오 아포스톨 보로메오(Cecilio Apostol Borromeo), 로페 산토스(Lope K. Santos), 이니고 에드 리갈라도(Inigo Ed Regalado), 로무알도 라모스(Romualdo Ramos), 프란시스코 락사마나(Francisco Lacsamana), 파우스토 갈라우란(Fausto Galauran), 그리고 후에 《리와이와이》 편집장으로 승진하는 세브리노 레예스의 아들 페드리토 레예스(Pedrito Reyes) 등과 같은 저명한 시인과 작가들이 이 잡지를 통해 그들의 출세작들을 발표하였다.

1945년 마닐라 해방기 동안 미국과 필리핀 연방군이 연합해 일본군과 맞서 싸웠으며, 일본 제국군은 《리와이와이》의 편집권을 빼앗아 《마닐라 신문》으로 이름을 바꿨다. 일본군이 물러간 뒤, 《리와이와이》의 출판물과 경영권은 다시 돈 라몬 로세스에게 돌아갔다. 1965년, 노년의 돈 라몬 로세스가 출판업에서 물러나고 한즈 멘지(Hanz Menzi)가 《리와이와이》의 경영을 맡았지만, 경영진이 갑작스레 바뀌면서 잡지는 심각한 타격을 받았고 판매량도 곤두박질쳤다. 한즈 멘지는 《리와이와이》를 마닐라불레틴(Manila Bulletin) 출판사에 팔았고, 출판사는 현대의 디지털 기술로 잡지의 구성을 다시 만들어 유산을 보존하도록 했다. 그 결과 새로운 《리와이와이》가 탄생하게 되었다. 오늘날 새로운 《리와이와

이》는 분량이 48페이지로 축소되었고, 단편소설, 아동소설, 공포소설,
특집기사, 연재만화 등이 실리고 있다. 필리핀에서 가장 오랜 역사를
지닌 근대 주간 문예지 《리와이와이》는 오늘날에도 변화를 시도하며
대중들과 만나고 있다.

1925년 5월 22일 이후 매주 금요일에 발행된 《리와이와이》에는
어김없이 '바샹 할머니 이야기'가 실렸다. 〈파식(Pasig)강 소용돌이에
사는 인어〉, 〈여덟 명의 장님〉, 〈왕을 물리친 하녀〉, 〈마법에 걸린 꼽
추〉, 〈난쟁이의 복수〉, 〈원숭이 왕자〉 등이 잘 알려진 작품들이다.

세브리노 레예스는 스페인어에 능통한 작가였음에도, 필리핀 독
자들에게 가깝게 다가가기 위해 일부러 타갈로그어를 선택하였다. 세
브리노 레예스가 바샹 할머니 이야기를 구상하게 된 계기에 대해 『바

그림 3　마이크로필름으로 보는 《리와이와이》 표지 사진. UP 도서관 소장.

그림 4 《리와이와이》에 실린 '바샹 할머니 이야기' 작품들.

샹 할머니 이야기 정선』의 서문에는 다음과 같이 설명되어 있다.

언젠가 늙은 바샹[Doña Gervasia Guzman de Zamora]은 아버지와 나를 자신의 집으로 초대하였다. 저녁식사를 마친 뒤, 우리는 바로 옆에서 아이들이 일제히 외치는 소리를 들었다. "할머니, 할머니, 이야기해 주세요!" 아버지는 바샹의 식구인 크리스풀로 자모라(Crispulo Zamora) —당시 'Nyol Pulong'으로 알려진— 에게 무슨 일인지 물어보았다. 그 노인은 저녁을 먹은 후 매일 밤, 아이들이 할머니에게 이야기를 해 달라고 조르는 것이라고 대답해 주었다. 할머니가 안락의자에 앉자, 손자들은 할머니 주위에 제가 먼저 앉으려고 다투었다.

이 서문은 '바샹 할머니 이야기'의 화자 '바샹 할머니'의 탄생 과정을 증언해 주고 있다. 'Don Binoy'라는 닉네임으로도 불렸던 레예스는 '바샹 할머니'라는 이야기꾼에 대한 영감을 '도냐 제르바시아 구즈만 데 자모라(Doña Gervasia Guzman de Zamora)'의 집에서 저녁을 먹은 뒤에 얻었다고 한다. 자모라는 마닐라 퀴아포 지구에 있는 유명한 가문의 가모장(家母長)이었다. 이 노부인은 그 가문에서 친근한 '바샹 할머니'[10]로 불리며 아이들에게 존경받았다. 저녁식사 후, 그녀는 주위에 어린이들을 불러 모았다. 자신이 즐겨 앉는 의자에 똑바로 앉아, 손에는 풍선껌과 빈랑자(areca nut) 상자를 들고 있는 노부인의 모습, 그녀가 마법 이야기로 꽃을 피우는 동안에 어린 아이들이 그녀의 무릎에 앉아 넋을 잃고 집중하는 모습 등의 이미지에서 레예스는 '바샹 할머니'의 영감을 얻었다는 것이다.

세브리노 레예스는 '바샹 할머니 이야기'를 자신의 자녀들에게 들려줄 목적으로 지었다고도 한다. 레예스와 그의 아내 마리아 파트 푸아토 레예스는 17명의 자녀를 두었는데, 그 아이들은 매일 밤 잠들기 전, 아버지에게 이야기를 들려 달라고 아우성을 쳤다. 레예스는 자신의 자녀들에게 들려주기 위하여 그가 어렸을 적 누군가에게 들었거나 책으로 읽었던 이야기들을 소환하여 재창작한 것으로 보인다.

자, 그렇다면 세브리노 레예스가 자신의 아이들에게 들려주기 위해 구상하기 시작했다는 '바샹 할머니 이야기'는 도대체 어떤 이야기일까? 필리핀 밖에서는 아는 사람이 거의 없지만, 필리핀 안에서는 모르는 사람이 별로 없는 동화, 그게 '바샹 할머니 이야기'다. 이 동화를 필리핀 밖 사람들도 알 필요가 있을까? 이 이야기가 재밌다고 하는데,

프랑스의 페로 동화, 독일의 그림 동화, 네덜란드의 안데르센 동화만큼 신기하고 재미있을까? 아니, 멀리 갈 것도 없이 한국의 전래동화나 몽골 민담 정도로는 재미있을까? 이는 앞으로 한국을 비롯한 여러 나라 독자들이 읽고 판단할 문제라고 생각한다.

사람들은 '바샹 할머니 이야기'가 400여 편 된다고 한다. 400여 편이면 한 사람이 지은 동화치고는 아주 많은 편이다. 나는 이 사람보다 많은 작품을 지은 사람이 있는지 알지 못한다. 이 숫자도 몇 년 치 자료가 빠진 상태에서 헤아린 것이니 실제로는 더 많을 것이다. '바샹 할머니 이야기'를 알려면, 작품의 제목을 알고, 작품을 읽어 그 내용을 알아야 한다. 문제는 이 바샹 할머니 이야기의 전모를 아는 사람이 거의 없다는 것이다. 현재로서는 '바샹 할머니 이야기'가 발표된 시기의 주간지 《리와이와이》의 실물이 어디 소장되어 있는지도 확인하기 어렵다. 세브리노 레예스 유족들에게 원고가 있는지 모르지만, 자료를 공개하지 않았으므로 알 수 없다. 마이크로필름이 필리핀 국립도서관에 있지만 거기에도 몇 년 치는 빠져 있고, 필름 상태도 썩 좋은 편은 아니라서 읽기가 쉽지 않다. '바샹 할머니 이야기'의 총목록이라도 알고 싶지만, 어떤 책이나 백과사전에도 '바샹 할머니 이야기'의 총목록은 나와 있지 않다.

나는 다행히도 2017년 7월에 '바샹 할머니 이야기' 전공자 크리스틴 벨렌 교수를 인터뷰하면서 그녀로부터 '바샹 할머니 이야기'의 연도별 총목록을 얻었다. 그것은 매우 특별한 것이었다. 왜냐하면 벨렌 교수 외에는 아무도 그에 대해 조사한 사람이 없기 때문이다. 보통 사람들이 생각하는 것보다 필리핀에는 자국문학 연구자가 많지 않은 것으로 보인다. 한국, 중국, 일본처럼 국학 연구에 국가의 관심과 투자가 집중되지 않는 까닭이 아닌가 한다. 아무튼 벨렌 교수는 2002~2003년도에 필리핀 국립도서관에 소장된 마이크로필름을 돌리며 일일이 목록을 조사하였고, 그것으로 석사논문을 썼다고 한다. 그리고 석사논문 뒤에 '바샹 할머니 이야기'의 총목록을 부록으로 실었다. 현재로선 그 논문이 아니고서는 '바샹 할머니 이야기'의 총목록을 알 방법이 없다.

또 다른 문제는 필리핀 대학의 석사논문은 소속 대학 도서관에서만 보관하고 있고, PDF 파일 서비스도 하지 않는다는 점이다. 도서관을 찾아가도 목차 외에는 복사를 허락해 주지 않는다. 그러므로 이 목록을 아는 사람은 그녀의 논문을 소장한 몇몇 사람에 불과한 것이다. 나는 운 좋게도 크리스틴 벨렌 교수를 직접 만나 석사논문 뒤에 있는 목록을 복사할 수 있었고, 그 목록을 바탕으로 자료를 조사하고 정리할 수 있었다. 물론 타갈로그어로 된 제목을 영어로 번역하고, 영어를 또 한국어로 번역하여 적절하게 내용을 이해하기까지는 적지 않은 시간이 걸렸다. 영어나 한국어로 번역하기 어려운 제목도 있다. 필리핀 사람들도 무슨 말인지 모르는 제목들이 다수 있어서 몇몇 작품 제목은 번역할 수 없었다.

1925년부터 1941년까지 매년 발표된 '바샹 할머니 이야기'의 전체 목록을 발표된 순으로 여기에 소개한다(단, 1934년과 1942년은 자료가 없어 파악이 불가하다). 한 작품은 보통 2~3회씩 연재되었고, 긴 작품은 7~8회까지 연재된 것도 있다. 중간에 자료가 사라져 몇 개월씩 빠진 것도 있고, 1년 치가 통째로 빠진 것도 있다. '제목'은 작품을 이해할 만큼은 아니지만, 소재나 주제를 대강 파악할 정도는 되기 때문에 의미 있는 정보라고 생각한다(더 자세히 알고 싶은 독자는 이 책의 「부록 2」를 참고하기 바란다).

1925년. 16종

〈페리킹의 피리〉, 〈사랑으로 구원받다〉, 〈페드로 신부의 해골 군대〉, 〈죽었다 다시 살아난 사람〉, 〈사람은 사람, 원숭이는 원숭이〉, 〈주기도문의 가치〉, 〈마리아 마킬링〉, 〈난쟁이의 복수〉, 〈하느님이 되려는 열망〉, 〈황금산의 왕〉, 〈파식강 소용돌이에 사는 인어〉, 〈죽은 여인에게서 태어난 아이〉, 〈왕자가 된 거지〉, 〈세 왕자〉, 〈생명을 준 선물〉, 〈두 도둑〉

1926년. 30종 (신년 첫 호에는 전년도 마지막 작품이 실림)

〈두 도둑〉, 〈아버지의 세 가지 충고〉, 〈거지와 결혼한 공주〉, 〈아딴의 유물〉, 〈악당 후안〉, 〈공주가 된 시골 소녀〉, 〈어떤 거지의 사연〉, 〈두 친구〉, 〈왕이 된 거지의 아들〉, 〈마우로 론세스바예스 장군〉, 〈악마〉, 〈외국에서 부자가 된 첫 번째 필리핀 사람〉, 〈마법에 걸린 여자〉, 〈병약한 왕자〉, 〈악마의 손〉, 〈마법 대장간〉, 〈돈 페드로의 복수〉, 〈지도자 코스메〉, 〈크리스핀과 미카엘〉, 〈길고 두껍게 땋은 머리카락〉, 〈잔혹한 왕〉, 〈용서받지 못한 자〉, 〈마법에 걸린 친구들〉, 〈노인 카를로스〉, 〈겁 없는 페드로〉, 〈잉공 불로〉, 〈예수의 친구들〉, 〈착한 아이, 악한 연인〉, 〈설날 음식을 위해〉, 〈아이의 복수〉, 〈신비한 장미〉

1927년. 33종

〈마법에 걸린 꼽추〉, 〈제빵사의 등불〉, 〈정의의 손〉, 〈학대받은 영혼의 기억〉, 〈말하는 해골〉, 〈극심한 질병의 특별한 치료법〉, 〈해독제〉, 〈죄와 벌〉, 〈In Hoc Signo Vinces〉, 〈새로운 '정의로운 구즈만 장군'〉, 〈마녀에게 속은 사람〉, 〈신이 자극한 양심〉, 〈결혼선물〉, 〈산 페드로의 고난〉, 〈마법 반지〉, 〈어머니가 없는 사람〉, 〈소녀 도적〉, 〈유일한 즐거움〉, 〈아름다운 포로〉, 〈흰머리의 마리아〉, 〈의사 루카스〉, 〈이 아이는 내 아이입니다〉, 〈바람둥이?〉, 〈디오게네스의 등불〉, 〈솔로몬의 두 번째 재판〉, 〈누구도 포기할 수 없다(돌로 변한 후안)〉, 〈도난당한 전화〉, 〈남편의 영혼〉, 〈고발당한 상표〉, 〈착한 페드로〉, 〈신이 축복하신다면〉, 〈아이의 심장〉, 〈목이 잘린 아니타〉

1928년. 29종 (신년 첫 호에는 전년도 마지막 작품이 실림)

〈목이 잘린 아니타〉, 〈두 예술가〉, 〈두 세력의 한가운데〉, 〈영원한 과부〉, 〈죽은 사람의 이야기〉, 〈연인〉, 〈지불 보류〉, 〈5228번〉, 〈그는 자기 목숨을 위태롭게 했나?〉, 〈소중한 축복〉, 〈Dekola〉, 〈위대한 영혼〉, 〈하느님의 용서〉, 〈무서운 저주〉, 〈숨겨진 상처〉, 〈성령의 살아 있는 이미지〉, 〈두 눈물〉, 〈나티의 사랑 노래〉, 〈운명의 눈물〉, 〈하느님의 뜻이라면 꿈꾸라〉, 〈어머니의 사랑〉, 〈잠들지 않는 하느님〉, 〈기적〉, 〈빛이 없으면 갈 필요 없다〉, 〈후안의 새들백〉, 〈새로운 몬테 크리스토 백작〉, 〈극장의 꽃 두 송이〉, 〈상상〉, 〈역사적인 크리스마스〉, 〈세 위대한 왕〉

1929년. 31종 (신년 첫 호에는 전년도 마지막 작품이 실림)

〈세 위대한 왕〉, 〈화재에 대한 두려움〉, 〈커다란 황금마차〉, 〈도적의 마을〉, 〈여덟 명의 장님〉, 〈죄 많은 영혼〉, 〈아콩 에키트(엉터리 점쟁이)〉, 〈위대한 마음으로〉, 〈필리핀의 세 왕자〉, 〈두 번째로 묶인 마음〉, 〈천국의 사기꾼〉, 〈방황하는 영혼〉, 〈하느님의 정의와 사람의 정의〉, 〈귀신에 홀린 남자〉, 〈질투〉, 〈구세주〉, 〈운명〉, 〈모욕당한 축복〉, 〈영리한 도둑〉, 〈거룩한 조언〉, 〈왕을 물리친 하녀〉, 〈손〉, 〈악어〉, 〈신비한 손님〉, 〈세 왕들의 왕〉, 〈잔인한 뱀의 휘파람〉, 〈하느님의 처벌〉, 〈산티아고 카라다그〉, 〈일곱 얼간이〉, 〈하느님의 두 사자〉, 〈독자〉, 〈큰 죄를 지은 무슬림〉

1930년. 12종 (7~12월 자료 없음)

〈비단뱀의 보석〉, 〈왕자 모세〉, 〈사랑에는 형제도 없다〉, 〈철로〉, 〈철로에서 죽은 채 발견된 사람의 이야기〉, 〈마리아 시누콴의 사랑〉, 〈타고난 지혜〉, 〈대출금지〉, 〈마리아 세 자매의 남동생〉, 〈황소를 사람이라고 생각하는 사람들〉, 〈원숭이 왕자〉, 〈페드로의 탐욕과 후안의 원숭이〉

1931년. 19종 (1~5월 자료 없음)

〈황금 머리카락을 지닌 공주〉, 〈유령〉, 〈조직적인 훈련〉, 〈황금새〉, 〈누구의 머리가 잘릴까?(술탄 사이프)〉, 〈난쟁이의 성〉, 〈진실한 정의〉, 〈솔로몬의 지혜〉, 〈두려움 없는 필리핀 사람〉, 〈흑인의 피〉, 〈열두 명의 쾌활한 공주〉, 〈얼간이 도적〉, 〈난쟁이의 여왕〉, 〈지도자 거스팅의 등장〉, 〈유죄 판결을 받은 여왕〉, 〈영리한 펜두코〉, 〈운명의 피아노〉, 〈운명적인 선물〉, 〈여왕의 열세 개 에메랄드〉

1932년. 11종 (1~8월 자료 없음)

〈두 대식가의 종말〉, 〈하느님의 처벌〉, 〈행복은 황금에 있지 않다〉, 〈네 개의 정의〉, 〈학대당한 여인의 비극〉, 〈새들의 왕자〉, 〈일곱 마리 검은 새〉, 〈아무도 없다〉, 〈돌아오는 중〉, 〈두 대의 구급차(크리스마스 이야기)〉, 〈신비로운 장미〉

1933년. 29종

〈도전으로 인해〉, 〈큰 축복을 받은 사람〉, 〈악마의 휘파람〉, 〈사랑하기 때문에〉, 〈진실과 정의〉, 〈일곱 여왕들의 왕자〉, 〈어려운 도전〉, 〈영혼이 없는 사람〉, 〈올바른 판결〉, 〈고분고분한 아들〉, 〈사랑의 힘〉, 〈무역풍이 거세지면〉, 〈아이를 위한 복수〉, 〈거만한 공주〉, 〈요정의 보은〉, 〈잔인한 마녀〉, 〈바탕간산의 왕〉, 〈날카로운 마음〉, 〈위대한 멍청이〉, 〈도둑의 보은〉, 〈요정의 저주〉, 〈저주받은 공주의 운명〉, 〈사악한 괴물〉, 〈코가 긴 왕자〉, 〈하느님의 구원〉, 〈규칙〉, 〈지혜 겨루기〉, 〈메시아의 기적〉, 〈얼간이 왕자〉

1934년

수록 작품을 확인할 수 없음

1935년. 6종 (1~9월 자료 없음)

〈도전〉, 〈비단의 발견〉, 〈암보토의 마녀〉, 〈까다로운 왕자〉, 〈황혼〉, 〈선에 대한 보상〉

1936년. 26종 (신년 첫 호에는 전년도 마지막 작품이 실림)

〈선에 대한 보상〉, 〈악마의 요정〉, 〈생명의 꽃〉, 〈태양의 꽃〉, 〈즐거운 시간 보내세요〉, 〈릴리푸트의 마을〉, 〈숲속의 별〉, 〈영리한 배신자〉, 〈막내왕자〉, 〈거인의 마을〉, 〈아돌포의 나팔〉, 〈게으른 공주〉, 〈그것이 맞습니까?〉, 〈스파이 앵무새〉, 〈고아〉, 〈바토 발라니의 산〉, 〈운명과 위험〉, 〈두 왕의 전투〉, 〈사악한 징벌〉, 〈쾌활한 군인〉, 〈뻔뻔한 두 사람〉, 〈운명에 대한 두려움〉, 〈변태신사〉, 〈무정한 사람〉, 〈감옥에 갇힌 마녀〉, 〈대머리공주〉, 〈비겁한 사람〉

1937년. 26종 (신년 첫 호에는 전년도 마지막 작품이 실림)

〈비겁한 사람〉, 〈황금심장과 돌심장〉, 〈마법의 바이올린〉, 〈블랑카와 로사〉, 〈공주들의 학교〉, 〈짓궂은 것은 나빠〉, 〈알레한드로의 운명〉, 〈루카스의 복수〉, 〈사악한 용〉, 〈고백과 법률〉, 〈공정한 도전〉, 〈선한 농담〉, 〈용감한 페드로〉, 〈왕이 존경한 사람〉, 〈배신한 형제〉, 〈선행에 대한 보답〉, 〈친애하는 왕이시여〉, 〈충성스러운 하인〉, 〈어리석은 아이〉, 〈위대한 사랑〉, 〈불안한 토리비오〉, 〈운명〉, 〈요정의 냄비〉, 〈사랑의 요정〉, 〈오펠리아〉, 〈16년〉, 〈레오니다스〉

1938년. 28종

〈불에 탄 시체〉, 〈난쟁이〉, 〈클라리타〉, 〈피리 때문에〉, 〈유럽〉, 〈강요된 사랑〉, 〈복수〉, 〈예수와 유다〉, 〈어머니의 복수〉, 〈악마의 처벌〉, 〈사랑하기 때문에〉, 〈사랑의 힘〉, 〈메모의 힘〉, 〈사랑〉, 〈판도라〉, 〈아테네〉, 〈아이에 대한 감사〉, 〈마리아와 게〉, 〈끝나지 않은〉, 〈사자〉, 〈좋은 운명〉, 〈뜨거운 눈물〉, 〈나쁜 아이〉, 〈무모한 지출〉, 〈거인의 약속〉, 〈공주의 마법〉, 〈은자의 심판〉, 〈별말씀을!〉

1939년. 27종

〈아이에게 갚다〉, 〈욕심〉, 〈Epihenia〉, 〈희망 없는 운명〉, 〈탐욕스러운〉, 〈누가 죄인인가?〉, 〈알라의 선물〉, 〈긴타로〉, 〈형제〉, 〈Lino Lido〉, 〈쌍둥이의 감정〉, 〈후회〉, 〈가짜 희생자〉, 〈천국의 축복〉, 〈마리아 공주〉, 〈속임수〉, 〈천국에 갈 때까지〉, 〈실패한 용기〉, 〈공주의 루비〉, 〈사악한 공주〉, 〈나쁜 성공〉, 〈검소한 두 사람〉, 〈위대한 죄인〉, 〈죽음의 소리〉, 〈용감한 이유〉, 〈운이 좋은 아헵〉, 〈똑똑한 교사〉

1940년. 22종

〈금지된 사랑〉, 〈착한 아이〉, 〈지혜로운 말〉, 〈공정하지 않다면〉, 〈운 좋은 양치기〉, 〈첫눈에 반하다〉, 〈사악한〉, 〈게으른 거지〉, 〈대승리〉, 〈형제〉, 〈위대한 친구들〉, 〈훌륭한 아버지〉, 〈위대한 도둑〉, 〈거짓말쟁이〉, 〈영리한 사람〉, 〈페드로의 귀환〉, 〈Mabulong Ginto〉, 〈창피한〉, 〈사악한 재단사〉, 〈신비한 쌀 됫박〉, 〈아름다운 기적〉, 〈한 가지 소원〉

1941년. 21종

〈행운을 찾아서〉, 〈착한 청년〉, 〈구원받은 사랑〉, 〈고양이의 아내〉, 〈마술피리〉, 〈술주정뱅이의 아이〉, 〈마지막까지 함께〉, 〈선에 대한 보상〉, 〈가인의 후손〉, 〈착한 아이〉, 〈눈물의 목걸이〉, 〈교활한 공작〉, 〈바지를 입은 여왕〉, 〈아이에 대한 감사〉, 〈행복의 귀환〉, 〈진정한 왕〉, 〈나쁜 사람〉, 〈행운의 새〉, 〈이기심〉, 〈미친 사람〉, 〈루이스와 루시타〉

1942년

수록 작품을 확인할 수 없음

　　1925년 5월 22일부터 1941년 12월 12일까지 빠진 호수를 제외하고 세어 보면, 총 642회에 걸쳐 366종의 '바상 할머니 이야기'가 연재되었다. 한 작품이 2회에 걸쳐 발표되는 경우가 많았으며, 연재 횟수가 가장 긴 작품은 〈금지된 사랑〉(1940년, 9회), 〈세 위대한 왕〉(1928년, 8회), 〈목이 잘린 아니타〉(1927년, 7회) 등이다. 1930년 7~12월, 1931년 1월에서 5월 22일, 1932년 1~8월, 1935년 1~9월 동안의 잡지자료는 빠져 있

다. 1934년과 1942년의 자료는 완전히 사라지고 없다. 총 4년 3개월간 발행된 잡지와 수록 작품은 확인할 수 없는데, 평균적으로 1년간 30종 안팎이 발표된 것으로 계산하면, 빠진 기간에 출판된 작품은 약 120종 안팎으로 추정된다. 따라서 '바샹 할머니 이야기'는 세브리노 레예스의 생애 동안 모두 약 500종이 출판되었을 것으로 예상된다.

제목을 통해 대체로 드러나는 것은 인물의 신분을 보여 주는 명사로 "왕자, 공주, 왕, 왕비, 도적, 거지, 소녀, 하녀, 얼간이, 신부" 등이 부각되며, 초월적 존재로는 "하느님, 마녀, 난쟁이, 요정"의 빈도수가 높다. 이 외에도 "거인, 인어, 유령, 귀신, 예수, 악마, 용" 등이 발견된다. 주인공의 이름으로는 "마리아, 페드로, 후안(Huan: 필리핀 발음으로는 '완'이라고 함)"의 빈도수가 높다.

주인공의 신분 중 "왕자, 공주, 왕과 여왕"과 같이 고귀한 신분의 인물이 빈번하게 주인공으로 등장하지만, 한편으로 "거지, 소녀, 도둑, 하녀"와 같이 서민이나 이보다 낮은 신분의 주인공들도 많아, 서로 대비되는 신분의 인물들이 얽히며 꾸며 갈 서사가 궁금해진다.

'바샹 할머니 이야기'에는 하느님과 귀신, 신이한 생명체가 빈번하게 등장한다. 특히 "하느님"이라는 호칭이 많이 등장하며, "예수, 신부, 성인" 등 가톨릭 신앙의 대상도 자주 등장하는 것으로 보아, '바샹 할머니 이야기' 주제의 한 축이 가톨릭 신앙과 직접적으로 연관되어 있음을 알 수 있다. 이와 대비되어 "악마, 유령, 귀신" 등의 부정적 의미의 신이 인간세계에 개입하며, "난쟁이, 요정, 인어, 거인, 용"과 같은 정령신앙 및 민간신앙의 대상도 자주 이야기에 나타난다는 점도 흥미롭다. 크리스틴 벨렌 교수는 이러한 신 및 신이한 생명체의 빈번한 등장과 서사세계의 개입을 들어 바상 할머니 이야기를 '마술적 사실주의(Magical Realism)'로 설명하기도 하였다.

인물의 성격을 지칭하는 단어로는 "영리한, 용감한, 사악한, 잔혹한, 쾌활한, 착한, 겁이 없는, 교활한" 등의 형용사가 많이 쓰였다. 작품을 분석하면서 확인한 것이지만, 작가는 바람직한 소년·청년의 성격으로 '용감함'을 가장 높이 평가한다. 용감한 소년의 모습은 반복적으로 나타나고, 무모할 정도라고 느껴질 때도 적지 않다. '용감한 소년'은 유령 따위는 아랑곳하지 않을 정도로 겁이 없고, 두려움 없이 악인과 괴물에 맞서 싸우며 운명을 개척한다. 세브리노 레예스가 왜 이리 용감함의 미덕을 강조했는지에 대해서는 좀 더 살펴보아야 한다. 긍정적 의미의 "영리함, 쾌활함, 착함" 품성, 부정적 의미의 "사악함, 잔혹함, 교활함, 게으름" 품성도 빈번하게 사용되었다. 이러한 인물의 성격은 작품의 주제 및 교훈성과도 연결된다.

일반 명사로는 "마법, 복수, 처벌, 보은, 심판, 축복, 천국, 황금, 운명, 정의, 사랑, 행복, 꽃"이 여러 번 나타난다. 이러한 명사들은 대개 서사세계를 추진하는 동력으로 작용하는 것들이다. 마법은 비현실적 수법으로 서사세계의 갈등을 '일거에' 해결하는 능력이 되며, "복수, 처벌, 보은, 심판, 천국, 축복" 등은 인물들이 각기 행한 행동에 대한 귀결점으로 작용한다. "황금, 정의, 사랑, 행복, 꽃" 등은 인물들의 현실적 지향가치를 보여 주는 개념들이다.

동물로는 "새, 원숭이, 뱀"의 빈도수가 단연 높다. '바샹 할머니 이야기'에는 까마귀, 황금새, 앵무새 등 새와 뱀이 많이 등장하고, 긍정적 이미지로 나타난다. 새는 하늘(천국)과 땅을 매개하는 존재로, 뱀은 신령한 영혼이 깃든 존재로 그려진다. 원숭이는 말을 할 줄 알며, 인간을 도와주는 존재로 그려진다. 이는 '바샹 할머니 이야기'의 문화적 색깔과 상징성을 보여 주는 것이기도 하다. 특히 기독교의 관념에서 '사탄'을 상징하는 '뱀'이 긍정적 이미지로 쓰인 것은 필리핀 민간신앙이 반영된 결과로 보인다.

한편으로 1936~1937년 이후의 작품들은 그 이전 시기까지의 작품들과 성격이 구분된다. 무엇보다 1930년대 후반부터는 동화적 성격보다는, 드라마의 극적 주제와 성격이 강하게 나타난다. '바샹 할머니 이야기'의 전체적인 경향이나 각 편의 구체적 성격에 대해서는 뒤에 작품의 내용을 분석하는 곳에서 살펴보기로 하자.

필리핀의 저명한 문학비평가이자 『바샹 할머니 이야기 정선(The Best of Lola Basyang)』의 편자이기도 한 비엔베니도 룸베라(Bienvenido Lumbera)는 '바샹 할머니 이야기'의 스토리텔링 방식에 대해 다음과 같이 평하였다.

바샹 할머니는 어떤 때는 전설, 어떤 때는 신문기사같이 예측할 수 없는 소재를 구해 색깔을 입히고 디테일하게 묘사하여 재창작하는 방식으로 이야기를 전하였다.

이야기들의 어조는 매주 달랐다. 한 주는 유머스럽게 말하지만, 그 다음 주엔 으스스한 사건들로 채우는 식이었다. 레예스는 숙련된 작가의 잘 다듬어진 말이 아닌, 명백하게 단순하고 꾸밈없는 이야기꾼의 말투를 선택했다. 그러한 방식에 의해 각 이야기는 내용과 목적에 상관없이 흥미롭고 믿을 만한 이야기로 만들어졌다. 이는 인간의 운명을 깊이 이해하고 폭넓은 경험을 지닌 것으로 전제된 '나이 든 여성'이 이야기를 전달하는 방식이었기 때문에 가능했다.[11]

룸베라의 논평을 바탕으로 내가 파악한 '바샹 할머니 이야기'의 제재와 스토리텔링 방식의 특징은 다음과 같다.

첫째, 바샹 할머니 이야기는 제재가 다양하며, 다문화적인 성격을 띠고 있다. 세브리노 레예스는 필리핀 전래의 신화, 전설이나 민담에서 많은 제재를 취하였지만, 외국의 민담, 당대의 신문기사와 같은 이야기에서도 거침없이 제재를 구하여 동화로 재창작하였다.

제재의 다양성은 '바샹 할머니 이야기'의 중요한 특성이다. 우리가 아는 일반적인 전래동화, 또는 옛이야기의 특성은 오랫동안 구승(口承)되어 온 민족적 성격의 민담에서 제재를 구한다는 점이다. 전통적인 것, 민족적인 것에 자부심을 느끼고 외래적인 이야기는 애써 구별하고 배제하려 한 태도가 한국을 비롯해서 일본, 중국, 베트남 등의 동화에서 확인된다. 민족 고유의 것, 대대로 내려온 이야기라는 점은 적어도 한·중·일 등의 동아시아 국가에서 근대 민족국가의 성립과 함께 발생한 전래동화 장르의 중요한 특성으로 여겨졌다. 1920~1930년대 한국과 일본의 아동문학계에서 자국의 민담을 재화(再話)하거나 제재로 한 것은 '고래동화', '전래동화', '무카시바나시(昔話·昔噺)', '오토기바나시(御伽噺)'라 하고, 당대의 것을 제재로 한 이야기나 창작동화는 '동화'로 불렸다.

'바샹 할머니 이야기'는 좀 다르다. 〈페리킹의 피리〉, 〈마리아 마킬링〉, 〈파식강 소용돌이에 사는 인어〉, 〈마리아와 게〉, 〈마리아 세 자매의 남동생〉, 〈마리아 시누칸의 사랑〉, 〈비단뱀의 보석〉 등과 같은 작품들은 필리핀의 오래된 신화나 전설, 민담에서 제재를 구한 작품이다. 인어, 용, 뱀, 원숭이 등은 필리핀 민담의 특색을 가장 잘 보여 주는 제재다. 〈마리아와 게〉는 필리핀형 신데렐라 이야기로, 마리아의 죽은 어머니가 '게'로 환생하여 딸을 도와준다. 〈마리아 마킬링〉, 〈마리아 시누칸의 사랑〉 등은 필리핀의 여신을 주인공으로 하는 이야기다.

〈두 대의 구급차〉, 〈외국에서 부자가 된 첫 번째 필리핀 사람〉, 〈말하는 해골〉처럼 20세기 당대적 사건에서 소재를 구한 작품도 발견된다. '바샹 할머니 이야기'에는 외국동화에서 소재를 구한 것 같기도 하고, 외국동화가 필리핀 이야기와 섞인 것도 같은 이야기들이 필리핀 전래의 이야기 제재와 구분하기 힘들 정도로 혼재되어 있다.

〈신비한 장미〉, 〈원숭이 왕자〉, 〈용감한 페드로〉, 〈페드로 신부의 해골 군대〉, 〈하느님이 되려는 열망〉, 〈예수의 친구들〉, 〈하느님이 행복하다면〉, 〈하느님의 뜻이라면 꿈꾸라〉, 〈잠들지 않는 하느님〉, 〈하느님의 구원〉, 〈메시아의 기적〉, 〈예수와 유다〉, 〈가인의 후손〉과 같은 작품들은 성경과 가톨릭 신앙과 연관된 제재, 주제의식을 명확히 보여 주는 작품들이다. 가톨릭 신앙은 1571년 필리핀이 스페인의 식민지가 되었을 때부터 들어온 것이니 외래문화라고 할 수도 없을 만큼 필리핀의 생활과 문화에 일찍부터 뿌리를 내렸다. 이런 작품과 주제에 유령, 요정이 등장하여 혼합되면, 이것을 가톨릭 신앙의 표현이라고도 말할 수 없는지도 모른다.

난쟁이, 유령, 요정, 마녀 등의 캐릭터가 필리핀 고유의 것인지, 유럽 동화에서 온 것인지는 정확하지 않다. 〈죽은 여인에게서 태어난 아이〉와 같이 억울하게 죽은 여인의 관에서 몇 개월 뒤 그 여인이 임신하였던 아이가 태어났다는 이야기는 가톨릭 신앙에 민간신앙적 요소가 습합된 것으로 보아야 할 것 같다.

왕과 여왕, 왕자, 공주, 술탄을 주인공으로 하는 많은 이야기들은 유럽이나 이슬람권 동화에서 제재를 구한 것으로 보이지만, 반드시 그러한지는 확언할 수 없다. 필리핀도 스페인의 식민지가 되기 전에는 작은 왕국들이 존재했고, 이슬람권 지역은 술탄이 다스렸으니 이러한 소재가 반드시 외래적 요소라고 말할 수 없기 때문이다.

아무튼 이러한 다양한 소재적 측면 때문에 세브리노 레예스의 동화는 '다문화성'을 띤다. 그의 작품들 가운데 대부분은 출전을 알 수 있지만, 그렇지 않은 작품들도 적지 않다. 레예스는 필리핀 민담을 동화의 주재료로 활용했지만, 그 외에도 자신이 읽거나 들어 왔던 세계 각지의 이야기들을 국적에 상관없이 취하여 가공했던 것으로 보인다. 필리핀 사람들은 스페인의 식민통치를 300년 넘게 겪으면서 스페인 문화 및 가톨릭 신앙의 영향을 깊이 받았다. 세브리노 레예스는 스페인어에 능통한 지식인 작가로 유럽 동화를 비롯하여 세계 여러 지역의 동화를 잘 이해하고 있었고, 페로 동화나 그림 동화 같은 유럽의 동화 창작방식을 활용하여 필리핀 전설, 민담, 신문기사 등을 동화로 재창작한 것으로 보인다. 이 점은 스페인 식민지 시절을 경험하고 스페인어에 능통했던 지식인 작가 세브리노 레예스의 중요한 특징이 아닐까 생각한다.

둘째, 작가는 원작이 되는 제재를 자유롭게 가공, 개작하였다. 문학비평가 룸베라는 레예스가 원작에 "색깔을 입히고 디테일하게 묘사하여 재창작"했다고 평가했는데, 이러한 평가는 작가가 다양한 방식으로 ―화자의 말투, 내용, 문장, 소재나 주제 면에서― 원작을 가공하여 이야기의 흥미를 극대화하려 했다는 점을 지적한 것으로 보인다.

'바샹 할머니 이야기'에 대한 나의 첫인상은 작품들이 일반적으로 '옛이야기' 또는 '민담'이라고 하는 작품들과는 비교하기 어려울 정도로 길고 복잡하다는 점이었다. 민담은 대개 단일한 갈등 구조, 길어야 두세 개의 사건을 지닌 정도의 단형 서사 형태를 취한다. 이에 비해 《리와이와이》에 발표된 '바샹 할머니 이야기'들은 4~5주에 걸쳐 연재된 작품들이 제법 있을 정도로 분량이 길고, 타갈로그어 단행본으로 출간된 작품들을 보아도 분량이 15쪽에서 20쪽이나 되는 작품들이 많다. 희곡처럼 대사와 장면묘사가 많고, 구성도 복잡하여 일반 민담을 채록한 작품들과는 확연히 다르다는 점이 한눈에 확인된다. 룸베라의 논평처럼 레예스는 제재를 구해 다시 쓰기(rewriting), 재화(retelling)에서 개작(adaptation), 재창작(re-creation)에 이르기까지 자유롭게 가공·활용한 것으로 보인다.

17년간 매주 잡지에 동화, 또는 소년소설을 연재한다는 것은 대단한 필력과 의지가 없으면 도저히 할 수 없는 일이었을 것이다. 세브리노 레예스는 이를 위해 많은 책, 구전자료, 당대의 신문기사들로부터 다양한 제재를 구하고, 이를 각양의 방식으로 재화하고 가공하였을 것이다. 한편으로는 비슷한 성격의 이야기를 반복하기도 했고, 1930년대 중반부터는 동화가 아니라 희곡의 분위기가 느껴지는 작품을 연재하기도 했다.

나는 '바샹 할머니 이야기' 전문 연구자인 크리스틴 벨렌 교수를 인터뷰할 때 이 점에 대해 나의 생각을 말하면서 세브리노 레예스의 작품이 전설, 민담의 원작과는 다르지 않은지, 적어도 문장 단위와 구성 형태에서 개작이 일어난 것은 아닌지 질문했다. 크리스틴 벨렌 교수는 굳이 그 점을 부정하며 세브리노 레예스의 작품이 원작에 충실하며, 원작을 리텔링한 것이라는 점을 힘주어 강조하였다. 한국이나 일본의 동화, 옛이야기는 대부분 분량이 짧고 구성이 복잡하지 않다. 장편 전래동화를 다수 쓴 박영만(『조선전래동화집』, 학예사, 1940)은 좀 다른 편이지만, 대부분의 전래동화는 민담을 제재로 하며, 문장을 조금 고치는 정도에서 재화한다. 한국에서는 민담을 좀 많이 개작해서 동화를 쓰면, 작가의 개성이나 창작 역량을 평가하기보다는 '원작의 훼손'이라는 쪽에서 비평·비판을 하는 경향이 있었던 것 같다. 분명 '바샹 할머니 이야기'는 한국과 일본의 전래동화와 달리, 분량이 길고 구성이 복잡하다. 이 점은 세브리노 레예스가 개성과 작가적 역량을 발휘한 것으로 보는 것이 합리적일 것이다. 문장과 구성이 원작과 다르거나 복잡해졌을 것이라는 점은 추정 단계이지만, 이 점은 세브리노 레예스 동화의 가장 흥미로운 특징이라고 생각한다. 필리핀에서도 '바샹 할머니 이야기'의 오리지널리티, 원작과 동화의 차이점에 대한 연구는 별달리 이뤄지지 않은 것으로 보인다. 이 점에 대해서는 필리핀의 연구자들이나 다른 국가의 필리핀 문학 연구자들이 응답할 필요가 있다고 생각한다.

셋째, 작가는 능숙한 스토리텔링 기법으로 다양한 교훈을 전한다. 룸베라는 바샹 할머니 이야기의 어조가 매주 달라졌다는 점을 지적하며, '바샹 할머니'라는 신뢰할 만한 이야기꾼의 말투를 통해 독자들에게 친근하고도 믿을 만하게 이야기를 전달하려 했다는 점을 강조하였다. 이러한 평가는 바샹 할머니 이야기가 보여 주고 있는 '능숙한 스토리텔링 기법'과 함께, 바샹 할머니 이야기가 지니고 있는 다양한 주제, 교훈성을 말하는 것이다.

동화의 일반적 특징이기도 하겠지만, 필리핀 동화, 그리고 '바샹 할머니 이야기'도 '교훈성'을 중시한다. 레예스는 작가가 글을 쓴 목적이 없지 않은 이상, 모든 이야기는 항상 독자에게 '교훈'을 주어야 한다고 말하곤 했다. 그는 다양한 제재를 통하여 주인공들로부터 자립심, 용기와 담대함, 모험, 정의로움, 정직의 가치를 전하기도 하고, 사랑의 아름다움을 노래하며 외모와 지혜, 내면의 품성을 고루 갖출 것을 이야기하고, 가톨릭 신앙의 대상 '하느님'에 대한 감사를 진지하게 고백하기도 한다. 한편으로 왕자와 공주를 주인공으로 한 작품들에서, 특히 〈원숭이 왕자〉에서처럼 '외모'의 가치를 지나치게 강조한 점은 '교훈성'이라는 기준에서 보면 다소 어긋나는 요소이다.

레예스의 모든 이야기는 교훈성이 강조되어 있긴 하지만, 이를 계몽적이거나 도식적인 방식으로 내세운 것은 아니었다. 서사가 흥미롭고 이야기의 전달방식이 변화무쌍해 교훈의 전달이나 교육적 의도는 부각되지 않는 편이다. 작가는 바샹 할머니의 목소리를 통해서 한 주는 유머러스한 말투로 말하지만, 그다음 주엔 유령이 나오는 이야기를 으스스한 분위기에서 전달하며, 또 그다음 주엔 투명 망토나 마법 양탄자를 이용한 신비한 모험담을 흥분된 말투로 전하기도 한다.

몇 주 동안은 진지한 목소리로 하느님의 은혜를 신앙고백처럼 전하기도 한다. 가톨릭 신앙과 관련된 이야기들을 읽다 보면, 하느님에게 의지하는 태도와 믿음이 강하고, 꽤 진지하게 그려졌음을 알게 된다. 유령, 괴생명체가 나오는 몇몇 작품은 삽화도 그렇고, 공포영화와 같이 오싹한 느낌을 준다. 가난한 남자가 여행을 떠나 마법 도구를 얻고 공주와 결혼하는 많은 이야기들은 낭만적이며, 여행과 모험, 용감한 성품을 흠모하게 만드는 매력이 있다. 바샹 할머니 이야기가 흥미롭게 여겨지는 것은 무엇보다 이러한 다양하고 변화무쌍한 서사적 요소, 능수능란한 이야기 방식 때문이다.

바샹 할머니 이야기는 많은 필리핀인에게 사랑을 받고 각종 출판·공연·영상콘텐츠로 제작되기도 했지만, 작품의 목록 정리부터 작품의 내용, 주제와 가치 등에 대해서는 아직까지 별다른 연구가 이뤄지지 않았다. 그렇기에 나는 이 책에서 서지 연구, 작품 총목록작업, 유형 분류작업에서부터 논의를 시작하려고 한다.

3장

'바샹 할머니 이야기'의
출판콘텐츠

☀
1. '바샹 할머니 이야기'의 출판 역사

'바샹 할머니 이야기'의 원작은 매주 주간지에 발표된 기사 형태였다. 1942년 9월 15일 세브리노 레예스가 세상을 뜨고 20년 뒤, '바샹 할머니 이야기'는 처음으로 책으로 출간되었다. 지금까지 알려진 바로는 대략 여덟 번 정도 출판되었다. 이 장에서는 주간지에 실렸던 '바샹 할머니 이야기'가 책으로 출판되는 과정에 대해 자세히 알아볼 것이다.

잡지는 화제성은 크지만 생명이 짧다. 1920~1930년대에 '바샹 할머니 이야기'가 큰 인기를 끌었다고 하지만, 주간지는 주간지일 뿐이다. 《리와이와이》가 화제성은 컸다고 하지만, 다음 주가 되면 또 다른 화제에 밀려나기 십상이고, 사람들의 서가에 고이 모셔지지도 않았을 것이다. 이는 지금 필리핀에서 1920~1940년대의 《리와이와이》 잡지가 어디에 보관되어 있는지 아는 사람이 거의 없다는 점에서도 알 수 있다. TV 드라마가 아무리 재미있다고 한들, 1년만 지나면 다른 드라마에 밀려 재빨리 대중들의 기억에서 잊히듯, '바샹 할머니 이야기'도 점차 사람들의 기억 속에서 그렇게 잊혀 갔을 것이다. 그것이 문학유산, 문화유산으로 남으려면 먼저 단행본으로 출판되어 대중들의 손에 쥐어져야 하고, 학교 교과서에도 실려야 한다. 연구자들의 비평도 필요하고, 문학성이 검증된 작품들의 '선집' 출판도 필요할 것이다. 그것이 고전으로 인정되고, 살아남는 방식이기 때문이다. 제대로 된 '선집'이 있어야 영화나 TV 쇼, 뮤지컬로도 제작된다. 그동안 출판된 책들에 수록된 '바샹 할머니 이야기' 편 수를 세어 보니, 총 105편이었다. 《리와이와이》에 500편이 발표되었다고 하지만, 여덟 차례 발간된 책에 수록된 105편 이외의 작품들은 이제 점점 더 알기 어려워질 것이다.

'바샹 할머니 이야기'가 처음 책으로 출판된 것은 1962년으로 확인된다. 책 제목은 『바샹 할머니 이야기 선집(*Mga kuwento ni Lola Basyang*)』이다. 이 제목은 이후의 책에서도 거의 똑같이 쓰인다. 1962년판은 만화책을 출판하던 알리완(Aliwan) 출판사에서 전 3권으로 출판되었고, 여기에는 85종의 작품이 수록되었다. '바샹 할머니 이야기'의 첫 번째 단행본이 만화책 전문 출판사에서 간행되었다는 점은 흥미롭다. 이는 출판을 후원할 만한 사업자나 투자 주체가 나서지 않은 까닭이 아닐까 생각된다. 나는 이 책을 UP 딜리만 캠퍼스 중앙도서관에서 발견하였다. 그 책의 판권지에는 간행 연대가 기록되어 있지 않았다. 출판된 해를 찾다가 책 뒤에 "1962"라고 찍힌 도서관 스탬프를 발견하였다. 그래서 1962년이라고 한 것이니, 실제 출판 연도는 그보다 빠를 수도 있다. 여기 실린 85종은 저자의 아들 페드리토 레예스가 선정한 것이었다. 이 책과 1975년에 출판된 책의 판권지에는 편자가 베라 레예스(Vera Reyes)로 기록되어 있다. 페드리토와 베라, 두 사람 모두 저자의 자녀로 보인다. 이 책에는 '바샹 할머니 이야기' 단행본들 중에서 가장 많은 수의 작품이 수록되어 있다.

　두 번째의 책은 1975년에 간행되었다. 제목은 역시 『바샹 할머니 이야기 선집』이다. 페드리토와 베라 레예스는 아버지 이름을 딴 출판사를 세우고 다시 책을 찍었는데, 두 권의 책에 33종의 작품을 선정해서 실었다. 이 책은 1962년판에 비해 활자가 크고 선명하며, 컬러판 그림이 화려하다는 점이 눈에 띈다.

　세 번째의 책은 이로부터 20여 년 뒤인 1997년에 간행되었다. 책 제목은 『바샹 할머니 이야기 정선(The Best of Lola Basyang)』이다. 이번에는 주로 학술적인 책을 간행하던 타하난(Tahanan) 출판사에서 간행되었다. 유족들에게 위임을 받은 비엔베니도 룸베라가 12편을 선정하였고, 저명한 작가 길다 코데로 페르난도(Gilda Cordero-Fernando)가 영어로 번역하였으며, 필리핀에서 가장 유명한 그림책 화가 알버트 가모스(Albert Gamos)가 일러스트를 맡아 31개의 삽화를 그렸다. 타갈로그어 원작을 영어로 번역해 출판하기는 이때가 처음이었고, 이 책은 출판에 관여한 사람들이나 책 내용, 출판사, 하드커버로 장정된 것까지 어느 때보다 품격이 있다는 평가를 받았다. 이 책에 대해서는 4장에서 좀더 자세히 살펴볼 것이다. 이 책은 지금도 온라인, 오프라인 서점에서 모두 구할 수 있고, 온라인을 통해서는 한국에서도 주문할 수 있다.

　네 번째 책부터의 출판은 거의 모두 크리스틴 벨렌이 중심이 되어 작품을 선정하고, 출판 기획도 하였다. UP 필리핀어문학과에서 학부와 석사과정을 마친 벨렌 교수는 '바샹 할머니 이야기'로 2003년 석사논문을 썼다. 지금은 아테네오 대학 필리핀어문학과 교수로 있는 그녀는 '바샹 할머니 이야기'로 현재 필리핀에서 가장 왕성하게 활동하고 있는 사람이다. 아동문학으로 대학에서 연구와 강의를 하고, '바샹 할머니 이야기'로 책의 출판을 기획하고, 뮤지컬과 발레 공연까지 기획·연출하는 등 활발하게 '바샹 할머니 이야기'를 대중들에게 알리는 작업을 하고 있다. 필리핀에서 벨렌 교수를 뛰어넘는 바샹 할머니 이야기 전문가는 없을 것이다.

네 번째의 책은 『앤빌(Anvil) 그림책 시리즈』이다. 크리스틴 벨렌이 앤빌 출판사에 그림책 시리즈를 제안한 것은 학부모와 아이들이 좀 더 값싸게, 재미있게 읽을 수 있도록 하기 위한 까닭이었다고 한다. 이 시리즈는 2004년부터 2011년까지 20권이 간행되었고, 타갈로그어와 영어의 이중언어체재로 편집되었다. 그림책이기에 어린이 독자에게 적합한 작품들이 선정되었고, 이야기의 분량은 짧아졌으며, 그림은 과감하고 화려해졌다. 이 책에 대해서는 5장에서 좀 더 자세하게 살펴볼 것이다.

다섯 번째 책은 앤빌에서 2005년 출판한 단권의 문고판이다. 기획·편집자는 역시 크리스틴 벨렌이다. 벨렌은 철저하게 '바샹 할머니 이야기'의 대중적 보급을 목표로 청소년들이 호감을 가질 만한 10편의 작품을 선정하여 현대 타갈로그어로 쉽게 풀어 쓰고, 작은 사이즈의 책으로 만들었다.

여섯 번째 책도 2005년에 간행되었는데, 크리스틴 벨렌이 12편의 작품을 골라 이번엔 타하난에서 출판했다. 타하난의 1997년판에 비해 이번 책은 좀 더 청소년 지향의 성격을 분명히 하였다. 소프트커버 표지나 그림, 수록 작품에서도 그런 취향이 묻어난다.

일곱 번째 책은 2009년에 희곡으로 각색한 책이다. 역시 크리스틴 벨렌이 기획·편집한 것인데, 앤빌에서 좀 더 도전적인 시도를 했다. 이번에는 '바샹 할머니 이야기'를 연극으로 공연할 수 있도록 희곡으로 각색했다. 뒤에서 일부 각색된 내용을 검토해 볼 것이다.

여덟 번째 책은 2005년 타하난 책의 후속편으로 기획된 것으로, 2012년도에 간행되었으며, 역시 12편의 작품이 실려 있다.

'바샹 할머니 이야기'가 처음 나왔을 때는 그 수가 약 500편이라고 했다. 하지만 구체적인 제목이나 내용을 아는 사람은 필리핀에서도 거의 없다. 2장에서도 밝혔듯이, '바샹 할머니 이야기'의 전체적인 자료 현황을 처음으로 밝힌 이는 크리스틴 벨렌이다.

벨렌 교수가 작성한 목록 중에서 1925년 5월 22일부터 1941년 12월 12일까지 일부 빠진 호수를 제외하고 세어 보면, 총 642회에 걸쳐 366종의 바샹 할머니 이야기가 연재되었음을 확인할 수 있다. 여기에 누락된 것으로 보이는 작품 120종을 더해서, '바샹 할머니 이야기'의 총 편 수가 약 500종 정도 될 것이라고 추정한 것이다.

문제는 이 500종의 잡지 게재본이나 친필 원고를 보관하고 있는 사람이나 기관이 있는지, 또는 총목록을 파악하고 있는 사람이 있는지 확인할 수 없다는 점이다. 그런 상태에서 이 작품들이 처음에 책으로 출판되었을 때에는 85종(1962년)이었고, 그 뒤에는 33종(1975년)으로 줄었고, 이후에는 12종(1997년), 20종(2004년, 그림책), 10~12종(2005년 이후) 등 출판 목록이 12종 안팎으로 한정되고 있다. 이렇듯 수백 종의 '바샹 할머니 이야기'는 이제 '선집' 작업을 통해 아주 소수의 작품만 독자들과 만나고 있다. 과연 12종 안에 들어갈 작품의 목록은 무엇일까? 지금까지는 작가와 그 아들, 두세 명의 평론가 및 연구자가 그 작품의 목록 선정에 영향을 끼쳐 왔다. 좀 더 기억해야 할 작품, 문학적 가치가 높은 작품으로 평가해야 할 작품들이 있다면 어떤 것이 있을까? '바샹 할머니 이야기' 연구자들은 이런 것들을 고민해야 할 것으로 보인다. 이런 질문들을 하면서 이번에는 각 책별로 목차와 경향이나 간략한 내용을 살펴보자.

2. 각 출판물의 목차와 내용

1) 세브리노 레예스 저, 『바샹 할머니 이야기 선집(Ng mga Kuwento ni Lola Basyang)』 전 3권, 페드리토 레예스 편, 알리완, 1962.

이 책은 세브리노 레예스의 가족들이 중심이 되어 출판작업을 시작했던 것으로 보인다. 그의 아들 페드리토 레예스는 이 뒤에 한 차례 더 단행본을 출간하였다. 조사한 바에 따르면 《리와이와이》에 실렸던 작품들이 단행본으로 묶여 출판된 것은 1962년도가 처음이다. 전 3권으로 구성된 이 책에는 85종의 작품이 잡지에 실린 원문 그대로의 문장으로 수록되었으나, 그림은 잡지에 실린 것보다 더 화려해지고, 양도 많아졌다. 알리완은 원래 만화책을 출판하는 곳이다.

지금 이 책의 존재를 아는 사람은 필리핀에서도 별로 없다. 내가 인터뷰했던 '바샹 할머니 이야기' 연구자 크리스틴 벨렌 교수도 이 작품집에 대해선 한 마디도 하지 않았다. 그녀가 쓴 학위논문의 참고문헌 목록에도 이 작품집은 없었다. 나는 이 책을 내가 한국으로 돌아오기 며칠 전, UP 도서관에서 발견했다. 이 책에 수록된 작품에 대해선 대개 영문 요약 형태로 내용을 이해하고 파악하였다.

알리완 출판사의 책에는 왕자, 공주, 남녀 간의 아름다운 로맨스, 사랑을 노래한 이야기의 비중이 크지 않은 것으로 보인다. 가장 큰 비중을 보여 주는 주제는 하느님이 인생을 주관한다는 믿음에 대한 것이다. 이 책에 수록된 몇몇 작품의 인물, 내용 및 주제를 분석하면 다음과 같다.

(1) 〈어머니의 고귀한 마음〉, 1-2-14.

원제: Ang Dakilang Puso ng Isang Ina(The Noble Heart of a Mother)

등장인물

① 피링 - 에토이의 어머니. 병든 아들이 낫기를 예수님께 기도하

며, 아들의 병이 나을 수만 있다면 자신의 눈이 멀어도 좋다고 서원한다.

② 에토이 - 피링의 아들. 중병이 들었을 때, 어머니 피링의 기도로 인해 병이 나았다.

③ 신의 음성 - 교회의 예수 조각상에서 나오는 음성

내용과 주제

퀴아포의 교회를 배경으로 하는 피링과 에토이 모자의 이야기. 피링이라는 여인은 하느님께 아들 에토이의 병을 낫게 해 주면 자신은 눈이 멀어도 좋다고 서원기도를 한다. 예수가 그녀의 기도에 응답하여 에토이의 병이 낫는다. 하지만 에토이는 여자친구가 생겨 어머니를 버리고 떠나고, 피링은 다시금 신에게 기도하여 자신의 교만과 불행, 신이 인생을 주관한다는 깨달음을 얻고 고백을 한다. 피링은 다시 눈을 뜨고, 아들이 돌아오자 용서하고 그를 받아 준다. 작가는 가톨릭 신앙을 지키며 사는 여인의 삶을 그림으로써 예수의 긍휼과 용서를 형상화하였다.

(2) 〈죽은 여인에게서 태어난 아이〉, 1-3-9.

원제: Ang Anak ng Patay(The Child of the Dead)

등장인물

① 도로 대장 - 벨랑의 아버지. 딸 벨랑이 가난한 남자의 아이를 임신했고, 허락도 없이 결혼식을 올려 자신의 이름에 먹칠했다는 사실에 분노하여 딸을 독살하였다.

② 벨랑 - 도로 대장의 딸. 가난한 빈센트의 아이를 임신하고, 부모의 허락을 받지 않고 둘이 결혼식을 올렸으나, 아버지에 의해 독살되었다.

③ 빈센트 - 가난한 남자. 도로 대장의 딸 벨랑을 사랑하여 몰래 결혼식을 올린 뒤, 벨랑의 집을 찾아갔다가 그녀가 죽은 사실을 알고 절망한다.

내용과 주제

만성절 저녁, B 마을 사람들이 공동묘지에서 축제를 즐기고 있는데, 갑자기 한 무덤이 폭발하며 관 뚜껑이 날아가 버린다. 사람들은 무덤 안에서 아기가 우는 소리를 듣고 충격에 빠진다. 마을의 이장이 사람들을 시켜 무덤을 조사하게 하니, 관 속에는 마을에서 가장 부자인 도로 대장의 딸 벨랑이 죽은 지 5개월이 지났음에도 썩지 않은 채로 누워 있었고, 갓 태어난 아이를 안고 있었다. 이상하게 여긴 사람들이 조사한 결과, 도로 대장이 자신의 딸이 허락도 받지 않고 가난한 남자와 결혼식을 올리고, 아이까지 임신했다는 사실을 알고 딸을 독살한 일이 밝혀진다. 아이가 태어난 것은 신의 은총이자 악인에게 내리는 벌이었다. 두 남녀의 사랑을 인정하고, 딸의 비극적 죽음에 대해 신이 내리는 기적이자 징벌이라는 기독교적 관점을 보여 주는 이야기다.

(3) 〈잔혹한 왕〉, 1-3-17.

원제: Ang Buhong na Raha(The Cruel King)

등장인물

① 라하 네붓스바 - 스페인 식민지 이전 시대의 왕. 발라이라는 여성에게 욕심을 품으면서, 그녀의 남편 토마린을 죽이기 위해 그에게 불가능할 정도로 어려운 일을 시킨다.

② 토마린 - 발라이의 남편이다. 네붓스바왕이 어려운 명령을 내리자 아다(Ada)라는 가톨릭 성모에게 찾아가 조언과 마법 손수건을 얻어 크리스털 구슬을 가져오고, 또 우물에 가서 임무를 수행한다.

③ 발라이 - 토마린의 아내, 너무나 아름다워서 네붓스바왕이 욕심을 낼 정도이다.

④ 아다 - 성모 마리아, 기독교의 이미지를 지니고 있는 필리핀의 전설 속 주인공이다.

내용과 주제

라하 네붓스바라는 왕이 '발라이'라는 여인에게 욕심을 품으면서,

그녀의 남편 토마린을 죽이기 위해 음모를 꾸민다. 왕은 토마린을 죽이기 위해 그에게 몬탈반(Montalban) 동굴에 있는 크리스털 구슬을 가져오라고 명령한다. 토마린은 아다의 도움을 받아 몸을 안 보이게 하는 '투명 손수건'을 얻어 괴물들을 피하여 크리스털 구슬을 가지고 돌아온다. 토마린이 임무를 완수하자 왕은 두 번째로, 그의 조상들이 묻혀 있는 땅속 깊숙한 우물에 들어가도록 명령하였다. 토마린은 다시 임무를 무사히 마치고 돌아오고, 왕에게 우물 안에 조상들의 금이 많이 있다고 전한다. 왕은 금을 찾으러 우물로 들어가지만, 죽고 만다. 아란차즈의 축복받은 성녀, 베르나르도-카피오(Bernardo-Carpio), 몬탈반 동굴의 크리스털 구슬과 같은 필리핀 신화, 전설을 제재로 하여 개작한 동화이다.

(4) 〈새로운 '정의로운 구즈만 장군'〉, 1-3-18.

원제: Ang Bagong Guzman El Bueno(The New "Righteous Guzman")

등장인물

① 로버트 장군 - 특정되지 않은 유럽 어느 국가의 육군 원수로, 1차 세계대전 중 독일군과 싸우기 위한 기밀작전을 세우고 신무기를 설계하였다. 아들 로버트 대위가 기밀작전 계획과 신무기 설계도를 훔친 것을 알고 아들을 고발한다.

② 로버트 대위 - 로버트 장군의 아들. 도박을 좋아하여 고리대금

업자들에게 빚을 많이 지는 바람에 군의 기밀작전 계획과 설계
도를 훔친다.

내용과 주제

1차 세계대전 중, 유럽 한 국가의 육군 원수를 맡고 있던 로버트
장군은 독일군과 싸우기 위한 기밀작전을 세우고 신무기를 설계하였
다. 그의 아들 로버트 대위는 도박에 빠져 빚을 갚기 위해 아버지가
가지고 있는 기밀작전 계획과 신무기 설계도를 훔쳐 고리대금업자들
에게 넘겼다. 로버트 장군은 이 사실을 알고 아들을 고발하며, 아들은
처형된다. 사람들은 로버트 장군이 아들의 처형을 감수하면서까지 국
가의 명예를 살리는 방향을 선택한 사실을 알고, 그를 새로운 '정의로
운 구즈만 장군'이라 불렀다.

(5) 〈거인 카스못〉, 1-3-21.

원제: Ang Higante Kasmot(Kasmot the Giant)

등장인물

① 할라후이와 이니야 부부 - 다섯 아들의 부모. 먹을 것이 없어서
　　다섯 아들을 몇 차례 숲속에 버린다.

② 카스못 - 다섯 아들 중의 막내. 작지만 똑똑하고 힘이 세다. 부
　　모가 아이들을 버렸을 때 지혜를 발휘하여 형제들을 구한다.

③ 거인 - 숲에 사는 괴물. 사람을 잡아먹는다.

내용과 주제

할라후이와 이니야 부부는 다섯 아들을 키우며 살았다. 그중 막내 카스못은 작지만 똑똑하고 힘이 셌다. 집에 식량이 떨어지자 할라후이와 이니야 부부는 아이들을 산에 데려가 버렸다. 첫 번째는 카스못이 길에 조개껍데기를 뿌려 그것을 따라 돌아오는 데 성공했지만, 두 번째는 집으로 돌아올 수가 없었다. 다섯 형제는 숲에서 거인의 집을 발견하였는데, 그 집은 거인이 사람을 잡아먹는 곳이었다. 카스못이 지혜를 발휘하여 다섯 형제는 밤에 잡아먹히지 않고 무사히 집을 빠져나왔고, 거인은 자신의 다섯 딸을 인간인 줄 알고 죽였다. 거인이 형제들을 쫓아왔지만, 아이들은 큰 바위를 굴려 거인을 죽였다. 카스못과 형제들은 거인의 집에서 보물을 찾아 집으로 돌아와 가족들과 행복하게 살았다.

2) 세브리노 레예스 저, 『바샹 할머니 이야기 선집』전 2권, 베라 레예스 편, 세브리노레예스 출판사, 1975.

1975년 베라 레예스는 세브리노레예스 출판사에서 두 권의 책을 발간하였다. 두 권의 책에는 33종의 작품이 수록되어 있다. 1962년 알리완에서 출판했던 것보다 작품 수는 50여 종이 줄었고, 삽화는 컬러로 바뀌어 더 고급스러워졌다.

3) 세브리노 레예스 저, 『바샹 할머니 이야기 정선(The Best of Lola Basyang)』, 비엔베니도 룸베라 편, 길다 코데로 페르난도 영역, 타하난, 1997.

이 책은 영어로 번역된 최초의 '바샹 할머니 이야기' 선집이다. 세브리노가 죽은 뒤 20년이 지난 후, 필리핀의 저명한 시인이자 문학비평가인 비엔베니도 룸베라는 레예스 가족의 초대를 받아 '베스트 24'를 선정하였고, 이 중 열두 편이 1차로 1997년 타하난 출판사에 의해 출판되었다. 이 책은 저명한 작가 길다 코데로 페르난도가 영역하고, 거장 알버트 가모스가 31개의 삽화를 그렸다. 이 뒤로 후속편은 출판되지 않았다. 이 책은 작품 선정이나 편집, 장정에 이르기까지 지식인과 중산층을 겨냥한 고급스러운 출판물로 평가받고 있다. 이 책에 대해서는 4장에서 상세히 살펴볼 것이다.

4) 세브리노 레예스 저, 『앤빌 그림책 시리즈(Anvil Picture Book Series)』 전 20권, 크리스틴 벨렌 편, 앤빌, 2004~2011.

전 20권으로 발간된 이 그림책 시리즈는 바샹 연구자 크리스틴 벨렌이 처음으로 기획·편집한 책이다. 프란시스 알카라즈(Frances C. Alcaráz), 알버트 가모스, 리자 플로레스(Liza A. Flores) 및 루벤 데 헤수스(Ruben de Jesus) 등 필리핀의 내로라하는 개성파 화가들이 그림작업에 참여하였다. 2004년도에 출판된 다섯 권은 타갈로그어를 사용하였고, 2005년부터 간행된 열다섯 권은 타갈로그어와 영어의 이중언어체재로 편집·출판하였다. 이 시리즈는 원작의 내용을 축약하면서도 교육적 효과를 높이려 하였다. 크리스틴 벨렌은 약 500종의 '바샹 할머니 이야기' 작품 가운데, '마법', '왕자와 공주'와 관련된 작품들을 많이 수록하였다. 이 시리즈는 5장에서 좀 더 자세히 살펴볼 것이다.

5) 세브리노 레예스 저, 『바샹 할머니 이야기 선집(*Mga kuwento ni Lola Basyang*)』, 크리스틴 벨렌 편, 앤빌, 2005.

이 책은 바샹 연구자 크리스틴 벨렌이 앤빌에서 두 번째로 기획·출판한 책이다. 그녀는 열 작품의 내용을 축약하여 작고 얇은 한 권의 책에 수록하였다. 이 책에 있는 열 작품의 목록은 앤빌 그림책 시리즈 중에서 1~4, 6~10, 12권의 목록과 일치한다. 그림책을 기획하면서 글로 작업한 것을 이 책에서 먼저 한 책으로 묶어 출판하고, 그림책 시리즈는 그림작업과 함께 차차 진행한 것으로 보인다.

타하난 출판사의 고급스럽고 클래식한 책과는 달리, 앤빌에서는 작고 저렴한 책 전략을 선택하였고, 청소년들이 좋아할 만한 작품들을 주로 선정하였다. 이 책에 대해서는 4장에서 좀 더 살펴볼 것이다.

6) 『바샹 할머니 이야기를 교실 테이블의 무대에 올려라』, 크리스틴 벨렌 편, 앤빌, 2009.

이 책은 초·중등학교의 청소년들이 학교 무대에서 연극으로 공연할 수 있도록 바샹 할머니 이야기 열두 작품을 희곡으로 각색한 것이다. 바샹 할머니 이야기를 다양한 형태로 변환하려 한 크리스틴 벨렌의 노력을 엿볼 수 있는 도서이다. 여기 있는 열두 작품의 목록은 『앤빌 그림책 시리즈』 중에서 1~5, 8, 9, 11~15권의 목록과 일치한다. 이에 대해서는 6장에서 좀 더 자세히 살펴볼 것이다.

7) 세브리노 레예스 저, 『바샹 할머니 이야기 선집(*Mga kuwento ni Lola Basyang*)』 1, 크리스틴 벨렌 편, 타하난, 2005.

이 책은 고급 독자 취향, 학술적 내용의 작품을 주로 출판하던 타하난 출판사가 크리스틴 벨렌과 손잡고 청소년·대중 독자 취향의 작품으로 선정하고 편집한 '바샹 할머니 이야기'의 첫 번째 책이다. 이 책에는 신이담이 일곱 편 실려 있지만, 소담과 일반담, 형식담도 다섯 편이나 될 만큼 비교적 다양한 성격의 작품들로 구성되었다. 흥미로운 사실은 편집자가 1962년에 출판되었던 『바샹 할머니 이야기 선집』에서 대부분의 작품을 선정했다는 점이다.

8) 세브리노 레예스 저, 『바샹 할머니 이야기 선집』 2, 크리스틴 벨렌 편, 타하난, 2012.

크리스틴 벨렌과 타하난 출판사가 발행한 2권은 신이담 위주로 구성되었다. 이 책 역시 『바샹 할머니 이야기 선집』의 초기 출판물인 1962년판, 1975년판에서 대부분의 작품을 선정하였다. 이 책에 대해서는 7장에서 좀 더 자세히 살펴볼 것이다.

이처럼 여덟 차례에 걸쳐 총 196종의 작품이 출판되었다. 이 중 중복된 작품을 빼면 총 105종의 작품이 세상에 알려졌다. 이 작품들의 두드러진 특징을 몇 가지로 정리하면 다음과 같다.

첫째, 바샹 할머니 이야기는 제재나 내용 면에서 크게 세 가지 유형이 발견되는데, ① 필리핀 옛이야기를 제재로 한 환상적인 이야기, ② 가톨릭 신앙의 소재나 인물을 제재로 한 종교적 주제의 이야기, ③ 현실공간의 사건을 제재로 한 생활 드라마나 소년소설형 이야기이다.

전체적으로 ① 유형은 필리핀 전래의 신화나 민담을 소재로 한 환상적인 이야기가 가장 많다. 신화와 민담을 바탕으로 한 작품들에서는 필리핀 고유의 감성, 믿음, 특정한 지역에 관한 전설, 신화적 인물들의 유래와 성격 등이 잘 표현된다.

가톨릭 신앙에 기초한 종교적 주제의 ② 유형도 적지 않다. 이 유형은 작중인물에 하느님, 신부, 성모 마리아, 성인들의 이름이 많이 보이고, 하느님에 대한 신뢰와 귀의 등의 주제가 많이 그려진다. 이것은 작가 세브리노 레예스의 신앙적 태도를 보여 주는 것이기도 하지만, 필리핀 사람들의 대다수가 오랫동안 가톨릭 신앙에 기초한 삶을 살아왔기 때문에 공감을 얻는 것으로 보인다.

③ 유형은 당대적 시점의 현실공간에서 일어날 법한 이야기를 그린 것이다. 제재 면에서 필리핀인들의 생활기사를 주로 다루며, 평민 주인공이나 소년들이 주로 등장해 집안의 경제적 문제나 가족 문제를

해결하기 위해 용기나 지혜(꾀) 등을 사용하는 서사가 많다. 외국인들이 등장하거나 이국적 공간을 배경으로 한 작품들도 있다.

둘째, 주인공을 신분으로 나눠 구분하면 평민과 왕족으로 양분된다. 평민 주인공은 여자보다 남자가 더 많으며, 결핍 요소가 있는 주인공이 '용기'를 가지고 '여행'과 '모험'을 떠나 '마법 도구' 및 길동무나 신이한 능력을 얻어 어려운 문제를 해결하고 공주와 결혼해 왕이 되거나, 또는 부자가 되어 고향으로 돌아오는 구조를 보여 준다. 왕이나 왕자, 공주 등 왕족들의 이야기가 많은 것은 높은 신분 자체가 주인공을 고귀한 인물 및 특별한 주인공으로 내세울 수 있는 조건이 되기 때문이다. 왕자는 평민 남자 주인공처럼 결핍되었거나 소외된 성격을 지닌 경우가 많다. 공주들은 결혼 대상으로 드러날 때가 많다. 평민 남성들의 지향가치와 작품의 결말에는 대부분 공주와의 결혼이 포함되어 있다.

셋째, 동화에 마법적, 환상적 요소가 많이 보인다. 이는 '바샹 할머니 이야기'의 큰 특징으로 보인다. 세브리노 레에스 동화의 시공간적 배경은 '있는 그대로의 현실'이나 "옛날 옛적 어느 산골"과 같이 막연한 공간이 아니라, 특정한 시대의 특정한 공간으로 설정된 경우가 많다. 주인공들은 거의 대부분 자신이 처한 공간에서 벗어나 여행하는 과정에서 초현실적 능력을 획득하여 현실의 문제를 해결하거나 자신이 갖지 못한 대상을 획득한다. 이러한 서사와 시공간적 특징으로 인해 마법사, 마녀, 요정, 거인, 난쟁이, 유령 같은 존재가 숱하게 등장하며, 이들은 사람들에게 마법을 걸어 동물로 변하게 하며, 사람들을 괴롭히거나 도와준다. 주인공들이 얻은 마법 도구는 어디든지 데려다주는 카펫과 신발, 몸을 안 보이게 하는 투명 망토, 어떤 음식이든 내놓는 마법 보자기 등 다양하고 신비하다. 가톨릭 신앙과 관련된 이야기에도 마법적, 환상적 요소는 많이 나타난다.

넷째, 그동안 책에 수록된 작품 105편 중 3회 이상 출간된 작품은 26종이다. 목록을 살펴보면 다음과 같다.

〈모기의 전설〉, 〈왕을 물리친 하녀〉, 〈공주가 된 시골 소녀〉, 〈세 왕들의 왕〉, 〈황금 산의 왕〉, 〈마리아 세 자매의 남동생〉, 〈커다란 황금 마차〉, 〈마법의 바이올린〉, 〈마법에 걸린 꼽추〉, 〈마리아 시누칸의 사랑〉, 〈난쟁이의 성〉, 〈일곱 얼간이〉, 〈페리킹의 피리〉, 〈거지와 결혼한 공주〉, 〈새들의 왕자〉, 〈원숭이 왕자〉, 〈파식강 소용돌이에 사는 인어〉, 〈비단뱀의 보석〉, 〈여덟 명의 장님〉, 〈더욱 겁쟁이가 된 남자(신비한 부적)〉, 〈마리아 마킬링〉, 〈겁 없는 페드로〉, 〈신비한 장미〉, 〈아콩 에키트(엉터리 점쟁이)〉, 〈판다코퉁〉, 〈누구의 머리가 잘릴까?(술탄 사이프)〉.

이 작품들의 제목과 내용을 보면서, 필리핀인들이 좋아하는 '바샹 할머니 이야기'의 내용, 인물, 정서를 조금 엿볼 수 있지 않을까 한다. 〈일곱 얼간이〉, 〈아콩 에키트〉는 소담이며, 〈공주가 된 시골 소녀〉, 〈왕을 물리친 하녀〉, 〈누구의 머리가 잘릴까?〉, 〈신비한 장미〉는 일반담이다. 나머지 스무 작품은 모두 신이담이다. 신이담은 현실에서는 절대 일어날 수 없는 비현실적, 초인적 존재와 힘이 현실세계에서 활약·작동하는 판타지 성향의 작품을 말한다. 약 500종의 작품 가운데 신이담이 반복적으로 출판되고 대중들에게 노출되고 있다는 점은 중요한 사실이다. 한 가지 흥미로운 사실은 위 26종 가운데 대부분이 1962년에 출판된 『바샹 할머니 이야기 선집』에 수록된 작품이라는 것이다. 2000년대 이후 출판된 책들도 결국은 초기에 출판된 선집에서 작품 목록을 구해 출판을 반복하였다는 점이 확인된다.

책으로 가장 많이 출판된 작품은 〈페리킹의 피리〉(6회), 〈왕을 물리친 하녀〉(5회), 〈마법에 걸린 꼽추〉, 〈새들의 왕자〉, 〈원숭이 왕자〉, 〈겁 없는 페드로〉, 〈신비한 장미〉, 〈판다코퉁〉, 〈누구의 머리가 잘릴까?〉(이상 4회) 등이다. 편집자가 선호해서이든, 독자들이 좋아했기 때문이든 간에 이 작품들의 미학적 특징에 대해선 좀 더 알아볼 필요가 있다.

4장

고급 독자 취향의
캐릭터와 스토리

1. 품격 있는『바샹 할머니 이야기 정선』의 등장

40년 작가생활 동안 희곡과 동화 등을 통해 필리핀 서민들의 삶을 다룬 많은 문학유산을 남긴 세브리노 레예스. 그가 죽은 지 20년이 지난 후, 필리핀의 저명한 시인이자 문학비평가인 비엔베니도 룸베라는 레예스 가족의 초대를 받아 세브리노 레예스의 '바샹 할머니 이야기' 연작 500편 중 '베스트 24'를 선정하였고, 이 중 열두 편이『바샹 할머니 이야기 정선(The Best of Lola Basyang)』이라는 제목으로 1997년 타하난 출판사에 의해 출판되었다.

이러한 사실은 위 책의 서문에 의해 밝혀진 것인데, 나는 이 부분을 읽으며 '바샹 할머니 이야기'의 출판이 왜 이리 더디게 진행되었는지를 생각하였다. 세브리노 레예스가 죽은 지 20년이면 1962년이다. 이때는 알리완 출판사에서 처음으로 전집을 간행했던 해이다. 그때 룸베라가 선정한 베스트 24편은 35년 뒤에야 출판되었다. 그것도 12편만 출판되었을 뿐이고, 후속편은 출판되지 않았다. 알리완 출판사는 만화책 전문 출판사였는데, 타하난은 서양 고전 및 학술 서적을 전문적으로 간행한 출판사였다. 이는 '바샹 할머니 이야기'의 출판 품격이 올라갔음을 보여 준다. '바샹 할머니 이야기'의 출판이 타하난 출판사의 책 이전에 활발하지 못했던 첫 번째 이유는 아마도 이 책의 저작권이 레예스의 가족들에게 있어서 다른 출판사가 간여할 수 없었기 때문으로 보인다. '바샹 할머니 이야기'의 첫 번째 출판이 만화책 전문 출판사에 의해 이뤄졌다는 것은 필리핀의 출판 상황이 열악했기 때문일 수도 있지만, '바샹 할머니 이야기'에 대한 대중적·학술적 인식이 낮았던 사정도 있었을 것으로 생각된다.

나는 2017년에 UP 중앙도서관 자료와 몇 개 대학의 온라인 목록에서 세브리노 레예스 및 바샹 할머니 이야기에 대한 출판물과 연구논문, 단행본, 영화 및 공연물 등을 조사하였는데, '바샹 할머니 이야기'에 대한 학술적 연구는 2003년 크리스틴 벨렌의 석사논문이 최초의 연구였던 것 같다. 필리핀 전국의 대학에 필리핀어문학과가 설치된 곳도 열 곳이 안 된다고 한다.

타하난 출판사의 출판 이전에는 두 차례 모두 세브리노의 가족 페드리토와 베라가 주축이 되어 출판하였다. 그러니까 룸베라는 레예스 가족이 아닌 사람으로서는 첫 번째로 출판에 적극적으로 관여한 인물이다. 필리핀의 '지식재산법'에 의하면, 문학작품의 경우 작품의 보호를 위한 베른(Berne) 협약에 의거, 저자의 사후 50년 동안 저작권이 보호된다. 그러니까 타하난 출판사의 책은 저작권 보호가 풀리면서 가족 아닌 사람이 출판한 첫 책인 것이다.

이 책은 바샹 할머니 이야기를 영역한 첫 번째 책이기도 하다. 영역은 작가 길다 코데로 페르난도가 하였다. 페르난도 여사는 '필리핀 문학상'의 수상자이자 출판업자이다. 또한 필리핀의 유명한 그림책 작가 알버트 가모스가 31개의 삽화를 그렸다. 이 선집은 필리핀에서 어린이 문학 분야 'Gintong Aklat' 상과 'National Book' 상을 수상하였다. 권위 있는 출판사와 평론가, 번역자, 화가 등이 개입하면서 바상 할머니 이야기의 출판물은 그야말로 '품격 있는' 고전으로 한 단계 승격하였다. 그렇다면 룸베라는 500여 작품 중 어떤 작품을 선정하였을까?

수록 작품 12편의 목록은 다음과 같다.

번호	제목	《리와이와이》 게재일
1	마리아와 게(Maria Alimango)	1938. 8. 5.~12.(2회)
2	산티아고 카락다그(Santiago Karagdag)	1929. 11. 8.~15.(2회)
3	영리한 펜두코(Clever Penduko)	1931. 11. 20.
4	잊힌 공주(The Forgotten Princess)	확인 안 됨
5	두려움 없는 팅(Ting the Fearless)	1931. 8. 14.~21.(2회)
6	왕의 판결(Judgement of the King)	확인 안 됨
7	도망간 공주(The Runaway Princess)	확인 안 됨
8	두 도둑(The Two Thieves)	1925. 12. 24.~1926. 1. 1.(2회)
9	잘생긴 재단사(The Handsome Tailer)	1940. 11. 8.~15.(2회)
10	누구의 머리가 잘릴까?(Whose Head Will Roll?)	1931. 7. 17.
11	겁쟁이 왕자(The Cowardly Prince)	확인 안 됨
12	착한 페드로(Good Pedro)	1927. 11. 18.

위 작품들 중에서 《리와이와이》 발표일이 확인되는 작품은 8개인데, 1920년대 작품 3개, 1930년대 작품 4개, 1940년대 작품 1개, 게재일이 확인되지 않는 작품이 4개이다. 이 중 〈마리아와 게〉, 〈산티아

그림 5 『바상 할머니 이야기 정선』의 겉표지.

고 카락다그〉, 〈영리한 펜두코〉, 〈두려움 없는 팅〉, 〈왕의 판결〉, 〈착한 페드로〉 여섯 편은 필리핀의 민담이나 당대의 일화를 소재로 한 작품이고, 주인공들은 모두 평민들이다. 〈잊힌 공주〉, 〈도망간 공주〉, 〈두 도둑〉, 〈잘생긴 재단사〉, 〈누구의 머리가 잘릴까?〉, 〈겁쟁이 왕자〉 여섯 편은 이국적 공간을 배경으로 한 작품이다.

『바상 할머니 이야기 정선』(1997)의 편집자에 의하면, 레예스는 첫 작품을 발표한 1925년 첫해에 56편을 썼고, 2년 동안 112편을, 그리고 5년 만에 280편을 썼다고 하는데,[12] 이는 사실과 다르다. 하지만 레예스가 매주 한 편씩 동화를 발표했다는 것은 사실인데, 이렇게 다작을 할 수 있었던 것은 레예스가 필리핀 민담 외에도 많은 나라들에서 전하던 이야기들을 제재로 삼았기 때문이다. 편집자는 레예스가 필리핀 민담뿐 아니라, 운율을 갖춘 로맨스, 중국과 그리스의 고전들, 그리고 시리아와 콘스탄티노플까지의 광범위한 지역에서 전래되던 이야기들에서 소재를 취했다고 하였다.[13] 이 점에 대해서는 좀 더 자료를 구하여 확인할 필요가 있다.

이상 열두 편 작품은 '주인공'의 성격을 기준으로 세 유형의 작품 군으로 분류할 수 있다. 첫째, 어린이를 주인공으로 한 작품군으로, 그들의 용기, 호기심, 정의로움 등의 덕목을 예찬한 유형이다. 둘째, 청년층을 주인공으로 한 작품군으로, 그들의 사랑과 용기, 젊음, 자립 심을 예찬한 유형이다. 셋째, 성인층을 주인공으로 한 작품군으로, 그 들의 선한 마음, 정직함, 분수 지키는 마음 등을 예찬한 유형이다. 각 유형별로 인물과 주제 등을 고찰해 보자.

✳

2. 어린이의 용기와 지혜 예찬

이 유형은 어린이를 주인공으로 하여 그들의 생활과 지향점을 그 린 작품군으로, 〈마리아와 게〉, 〈영리한 펜두코〉, 〈두려움 없는 팅〉, 〈착한 페드로〉 네 작품이 이에 해당된다. 레에스는 주인공들의 삶을 그리면서 '용기'와 '호기심'을 비롯하여, '대담함', '선한 마음', '정의로 움', '효심' 등의 덕목을 강조하였다.

〈마리아와 게(Maria Alimango)〉는 어머니를 잃은 어린 소녀 마리아 가 계모 밑에서 고난을 겪지만, 그 선한 품성으로 인해 초월적 조력자 의 도움을 받아 행복해진다는 이야기다. 'Alimango'는 게의 한 종류 로, 필리핀에서 많이 난다. 이 작품은 필리핀판 신데렐라 이야기다.

기본적 구조는 계모에게 괴롭힘을 당하던 소녀 마리아의 이야기를 그린 "Mariang Isda", "Peregrina" 등 필리핀 민담과 유사하지만,[14] 유럽의 〈신데렐라〉 화소가 발견되는 등 인물 설정 및 사건 전개에서 '바샹 할머니 이야기'만의 개성이 보인다. 계모 키카이는 마리아의 어머니 달리다를 살해하라고 주문할 만큼 교활하며, 여주인공의 아버지 후안은 배에 탄 아내를 강물에 밀어 넣어 상어 밥이 되게 할 정도로 잔혹한 악한으로 묘사되었다. 이 장면을 인용하면 다음과 같다.

> 저녁을 먹은 후 후안은 배를 준비했다. 그날 밤은 잉크처럼 까맸다.
> 폭풍우가 몰아쳐서 강의 물결이 거셌다.
> "배를 타고 가기엔 너무 위험하지 않을까요?"
> 달리다가 옷 가방을 배에 넣으면서 물었다.
> "그저 바람만 부는 거야, 우린 쉽게 건널 수 있을 거야."
> 달리다는 그녀의 남편을 완전히 믿었다. 후안이 더 이상 그녀만을 사랑하는 남자가 아니라는 사실이 그녀에겐 보이지 않았다. 작은 배는 흔들렸지만 후안은 아랑곳하지 않고 노를 젓기 시작했다. 오래지 않아 바람은 차가워졌고, 큰 파도가 뱃전을 철썩철썩 때리기 시작했다.
> "후안, 무서워요. 우리 돌아가야 하지 않을까요?"
> "돌아가자고? 그럴 순 없지."
> 갑자기 후안의 목소리가 무섭게 돌변했다.

"이러다 배가 뒤집힐 것 같아요. 저기 큰 파도와 거센 폭풍이 보이지 않아요?"

"폭풍 따윈 상관없어."

"후안, 대체 왜 그래요?"

달리다가 물었다. 후안은 그의 아내를 날카로운 눈으로 노려보면서 일어났다.

"제발, 돌아가요. 우리 배가 뒤집힐 거고 우리 모두 죽을 거예요."

달리다가 애원했다.

"아니, 우리 중 한 명만 죽을 거야."

미쳐 버린 남자가 대답했다.

"난 당신을 끝내러 여기 왔단 말이야!"

후안은 그의 아내를 소용돌이치는 검은 강으로 강하게 밀어 버렸다. 가엾은 달리다는 수영을 하지 못했다. 그녀는 물속으로 가라앉았고, 상어에게 먹혀 버렸다.

후안은 사악한 웃음을 터뜨린 뒤 숨을 한번 깊게 내쉬고는 배를 몰아 집으로 돌아갔다. (1997년판, pp. 31~32)

마리아의 아버지 후안이 과부에 눈멀어 자신의 아내를 거센 풍랑이 치는 강물 속으로 차 넣고, 상어에게 먹히게 하는 설정과 장면묘사는 굉장히 충격적이고 폭력적이다. 이러한 인물의 성격 설정이나 묘사가 선행하던 작품을 모방한 차원인지, 세브리노 레예스의 개작에 의한 것인지 정확히 알기는 힘들다. 이는 다른 신데렐라형 필리핀 민담과 비교하여 어느 정도 판단할 수 있다. 다른 민담들에서는 '배우자 죽이기' 화소가 나타나지 않는 것을 볼 때 이러한 초반의 인물 성격 및 사건 설정은 레예스 동화만의 개성으로 볼 수 있다. 불쌍하게 죽은 어머니가 '게'로 환생하여 조력자가 되어 주인공 마리아를 구해 주고, 무도회까지 갈 수 있도록 도와준다는 설정이나, 할머니가 마리아의 이마에 '선한 별'을 달아 주는 구성은 스페인이나 남미 계통의 신데렐라 이야기에서 화소를 빌려 온 것임이 분명하다.[15] 〈마리아와 게〉에서 여주인공이 고귀한 신분의 남자와 결혼하여 구원을 받고 악인이 징치된다는 구조는 신데렐라 이야기와 유사하지만, 인물의 설정 및 사건의 디테일한 점들은 새로운 면모를 보여 준다.

〈영리한 펜두코(Clever Penduko)〉는 어린 펜두코를 주인공으로 하여 그의 자기주도적인 삶의 태도, 기발한 생각 등을 묘사한 이야기다. 펜두코는 어떤 곤경에 빠지든 기발한 방법으로 해결해 낸다. 그는 학교에서, 가정에서 특별히 영리한 모습을 보였고, 친구와 내기를 하여 승리하였고, 그로 인해 가족이 큰돈을 벌었다.

이 이야기에서 흥미로운 점은 주인공 펜두코가 호기심 많고, 선생님이나 신부의 권위를 인정하지 않을 정도로 자기주장이 강한 아이임에도 불구하고, 그의 아버지가 아들의 특이한 성격을 칭찬하고 격려해 주었다는 점이다. 작가는 여러 일화를 통하여 어떤 상황에서든 기발한 꾀를 내어 위기를 벗어나고 가족의 생계에 도움이 되는 어린이상을 제시하였고, 자식을 칭찬·격려하는 부모의 모습을 강조하였다. 펜두코의 캐릭터는 '창의적인 어린이'의 형상이자, 자신의 이익을 추구하거나 욕망을 충족하기 위해 행동하는 트릭스터(trickster)의 성격을 지닌다.

〈두려움 없는 팅(Ting the Fearless)〉은 어린이 팅(Ting)의 성장담이자 모험담이다. 말라본에 사는 팅은 본디 두려움을 모르는 아이인데, 그의 과도한 대담함을 걱정한 아버지는 아들을 집 밖으로 쫓아낸다. 집을 나온 팅은 마닐라에 가서 배를 타고 유럽, 시리아 등의 세계를 여행한다. 시리아 상인 밑에서 일하던 팅은 어느 왕국의 왕이 용감한 남자를 사위로 구한다는 소식을 듣고 그의 성으로 들어가 유령을 물리치는 등의 담대함을 보여 주고, 마침내 공주와 결혼한다. 작품의 끝은 팅이 낳은 아들이 아프다는 소식을 듣고 팅이 처음으로 두려움과 사랑을 느꼈다는 것으로 결말지어진다.

작가는 어떤 일에도 두려움을 느끼지 않던 팅이 유럽으로, 시리아로, 세계 각지를 다니면서 그의 담대한 성격으로 인해 왕의 딸과 결혼을 하고 부자가 되었다는 에피소드를 흥미롭게 그렸다. 작품의 무대가 필리핀에서 시작하여 유럽, 시리아 등으로 확장된 점도 흥미롭다. '두려움 없는 삶의 태도'를 긍정적으로 그린 이 이야기는 자식에 대한 사랑 때문에 처음으로 두려움을 느꼈다는, 훈훈한 가족애 이야기로 귀결된다.

〈착한 페드로(Good Pedro)〉는 동화집의 마지막 순서에 있는 작품으로, 정의로운 아이 페드로의 짧은 생애를 그린 이야기다. 마닐라 퀴아 포 지구에 살던 소년 페드로는 불의한 일을 보면 참지 못하고 싸워 불 쌍한 사람을 도왔다. 몸집이 큰 그는 사사건건 말썽을 일으켜 그 지역 에서 사고뭉치가 되었지만, 그것은 그가 불의한 일을 저지르는 사람 들에 맞서 싸우다가 일어난 일이었다. 페드로는 어머니 알링 앙게가 재혼한 남편에게 폭력을 당하고 돈을 빼앗기자 의부를 때려 어머니를 구하기도 했다. 마을에서 큰 화재사고가 나자 페드로는 세 명의 어린 아이들을 불에서 구한 뒤 자신은 불에 타 죽었다. 페드로에게 도움을 입은 어린이의 부모는 평생 동안 페드로 어머니의 생계를 돕기로 약 속했다.

이 작품은 주인공 페드로가 어린아이이지만 세상의 불의한 일에 대응하여 불쌍한 사람들을 도와주고 끝내 어머니를 도왔다는 점을 서 사화했다. 작가는 이 이야기를 통하여 페드로의 '강직함'과 '정의로움', '어머니를 사랑하는 마음'을 강조하고, 세상의 '불의함에 맞서 싸울 것' 을 이야기하였다.

이 유형의 주인공은 어리고 착한 마리아, 어리지만 지혜롭고 창의 적인 펜두코, 두려움 없는 소년 팅, 정의로운 소년 페드로 등이다. 그 들은 각자 처한 환경에서 성품과 능력을 다하여 자신의 뜻을 이룬다. 작가는 이러한 소년·소녀상을 통해 어린이들이 적극적이고 주체적으 로 살아야 한다는 인생의 교훈을 형상화하였다. 민담을 동화로 개작한

〈마리아와 게〉, 〈두려움 없는 팅〉과 달리, 〈영리한 펜두코〉, 〈착한 페드로〉는 현재의 생활을 소재로 한 생활동화, 또는 소년소설에 가깝다.

한편, 〈착한 페드로〉에서 주인공 페드로가 당면한 현실은 너무 거칠어서 아이는 목숨을 걸고 세상과 싸워야 했고, 끝내 자기 목숨을 바쳐 세상을 구한다. 〈마리아와 게〉에서는 살인자 후안과 계모 키카이처럼 살인이나 타인에 대한 음해, 반역 등을 서슴지 않는 현실과 캐릭터가 그려져 '잔혹동화'의 면모를 보인다.

3. 청년의 사랑과 자립심 예찬

이 유형은 청년층을 주인공으로 하여 그들의 생활과 지향점을 그린 작품군으로, 〈산티아고 카락다그〉, 〈도망간 공주〉, 〈잊힌 공주〉, 〈겁쟁이 왕자〉 네 작품이 이에 해당된다. 작가는 주인공들의 사랑과 성취를 중심적으로 형상화하면서 '사랑'과 '용기', '자주적으로 자기 인생을 개척하는 자립심' 등을 예찬하였다.

〈산티아고 카락다그(Santiago Karagdag)〉는 스페인 식민지 시절을 배경으로, 산티아고 카락다그라는 가난한 청년이 필리핀 장교의 비서가 되었다가 지혜로운 처녀와 결혼한다는 이야기다. 지혜로운 산티아고에 반한 장교는 그의 딸 토나와 산티아고를 결혼시키려 하는데, 산티아고는 자신이 가난하여 토나에게 적절한 남편감이 되지 못함을 말한다. 그는 신부를 구하러 온 나라를 여행하다가 가난한 집의 슬기로운 여인 루이사를 만나 청혼하는데, 그녀는 필리핀 장교가 그의 동생에게 양녀로 보낸 두 번째 딸이었다. 그들은 베일 장교의 축복을 받으며 결혼식을 올렸다.

이 이야기의 중심이 되는 것은 가난한 청년의 혼인담이다. 작가는 가난한 청년 산티아고의 지혜를 두 가지 면에서 묘사하였다. 첫 번째는 그가 지혜를 발휘하여 스페인 관리로부터 필리핀 주민들의 이익을 지키는 데 도움을 주었다는 점이다. 이 부분을 번역하여 인용하면 다음과 같다.

베일 장교의 비서가 된 산티아고는 장교가 어딜 가든지 뒤를 따라다녔다. 스페인 총독이 장교를 찾는 때면 산티아고는 장교 옆에 바짝 붙어 질문과 답변을 통역하는 일을 전담하였다. 평소처럼 회의를 마치고 집으로 오는 길에 산티아고는 장교에게 말했다.

"장교님, 말씀드릴 게 있습니다. 오늘 오전에 총독님께서 각 도시마다 수도로 이어지는 새 길을 만드는 데 돈을 기부해야 한다는 지시를 했잖아요?"

"그렇지. 그게 어때서?"

"장교님은 2,000페소를 기부하겠다고 말씀하셨습니다."

산티아고가 대답했다.

"하지만 제가 총독님께 말씀드린 것은 그게 아니었습니다." (당시 2,000페소는 매우 큰돈이었다.)

"자네가 내 말을 다르게 전달했다고?"

베일이 깜짝 놀라면서 말했다.

"그래, 뭐라고 말했나?"

"저는 총독님께 올해 우리 마을에 흉년이 들어서 마을 사람들에게 기부할 돈이 없다고 다시 한번 말씀드렸습니다. 그랬더니 총독님 께서도 믿으시더군요. 장교님께선 그 기부에 대해 전혀 걱정하실 필 요가 없습니다!"

"그게 사실이란 말인가?"

베일 장교는 진심으로 기뻐하며 말했다.

"난 그저 총독이 벌을 줄까 봐 두려워서 돈을 약속한 것이었어."

"장교님, 잘못하신 게 없는데 뭘 두려워하세요."

산티아고가 말했다. (1997년판, pp. 48~49)

위 인용문에서 산티아고는 스페인 총독과 필리핀 장교 간에 통역 일을 하면서, 대담하게도 마을에 흉년이 들어 돈이 없다는 사정을 이 야기하여 스페인 총독에게 내야 할 2,000페소를 탕감받도록 하였다. 일개 통역 비서가 자신의 동족이 져야 할 경제적 고통을 덜어 주기 위 해 지혜를 발휘한 것이다.

둘째는 그가 지혜로운 여인을 아내로 맞이하여 자신의 인생을 개척한다는 점이다. 그가 필리핀 장교의 첫째 딸에게 청혼하지 않았던 이유는 그녀가 사치스럽고 씀씀이가 헤퍼서 자신과는 어울리지 않는 다는 점을 간파했기 때문이다. 그가 선택한 '루이사'라는 여인은 시골에 살면서도, 손님을 배려하고 대접할 줄 안다. 또 산티아고가 여행 중 했던 기이한 행동이 지혜로운 판단의 결과였음을 간파한다. 작가는 '루이사'의 활발하고 매력적인 면모를 생동감 있게 묘사하고, 가난한 청년의 지혜와 자립심, 검소한 생활방식을 찬미하였다.

물론 초점을 산티아고가 아닌, 여성 주인공 루이사에 맞추면 해석의 방식은 달라질 수도 있다. 특히, 배우자를 구하는 장면에서 남자가 권력을 쥐고 있고 여자는 오로지 남자의 선택을 바라는 것처럼 묘사된 것은 오늘날의 가치관과 부딪친다. 하지만 스페인의 식민지배를 받던 19세기 필리핀의 상황을 생각하면, 루이사는 현명한 남자를 주체적으로 선택한 여성의 모습으로 이해될 수 있다.

〈도망간 공주(The Runaway Princess)〉는 늙은 장군과의 결혼을 거부하고 자신이 사랑하는 젊은 왕자와 결혼하는 나탈리아 공주의 이야기다. 어느 왕국의 다니도왕은 자신이 병약해지자 나라를 지키기 위해 그의 딸 나탈리아를 늙은 람베르트 장군과 결혼시키려 한다. 이에 공주는 왕의 명령을 거부하고 왕궁을 탈출한다. 평민으로 변장한 공주는 우연히 이웃 나라의 엔티케 왕자를 만나 그가 사는 궁전으로 들어가 요리하는 일을 한다. 한편 그녀는 궁중에서 열리는 무도회에 아름다운 옷을 입고 참석하여 왕자의 마음을 얻고, 마침내 엔티케 왕자와 결혼하는 데 성공한다.

이 이야기는 젊은 공주와 왕자의 불같은 사랑과 결혼을 낭만적 분위기로 그린 것으로, 작가는 나탈리아 공주와 엔티케 왕자의 사랑과 결혼을 흥미진진하게 묘사하면서 사랑의 아름다움, 자신이 선택한 길을 걷는 공주의 결단력과 용기를 찬미하였다.

〈잊힌 공주(The Forgotten Princess)〉는 평민과의 결혼을 선택한 오르카다 공주의 고난과 행복을 그린 이야기다. 유약한 크레투스왕은 왕비가 죽은 후 냉정한 여자 시다라와 재혼하였는데, 그녀는 왕과 전처의 딸인 오르카다 공주를 괴롭혔다. 오르카다 공주가 평민 림포와 사랑에 빠지자 왕과 새 왕비는 공주를 감옥에 가두고 이웃 나라 왕자와 결혼하도록 강요한다. 감옥에 갇힌 공주는 임신을 하여 낳은 아기를 몰래 림포에게 보낸다. 그녀의 아들 오스카는 16세가 되어 군대를 모아, 그때까지 감옥에 갇혀 있던 어머니 오르카다 공주를 구하고, 어머니를 괴롭힌 왕비를 감옥에 가둔 뒤에 왕위에 오른다.

작가는 '계모의 전처 자식 박해담'을 모티브로 하여, 공주와 평민 간에 신분을 뛰어넘은 사랑과 신뢰, 자주적인 정신, 오스카 왕자의 효심과 용맹, 정의로움을 부각시켰다.

〈겁쟁이 왕자(The Cowardly Prince)〉는 겁 많은 왕자가 사랑에 빠지면서 용기 있는 남자로 성장한다는 이야기다. 오랜 옛날 클라우디오 왕자는 겁이 많아 사람들의 비웃음을 샀는데, 외국으로 여행을 떠난 왕자는 아름다운 플레리다 공주를 만나 사랑에 빠지고, 용기를 내어 공주를 궁전에서 탈출시켜 자신의 나라로 함께 도망한다. 공주와 결혼하기로 했던 이웃 나라 아르테미오 왕자가 군대를 모아 쳐들어왔지만, 용감한 왕자는 백성들과 함께 싸워 적들을 물리치고 나라를 구했다. 이 이야기는 사랑의 위대함을 노래한 혼인담으로, 겁 많은 사람도 사랑을 하게 되면 세상 누구보다 용감해진다는 교훈을 전하였다.

'용감한 사람은 세상 어떤 고난도 이길 수 있다'는 주제의식, 혹은 작품의 교훈은 이 작품만이 아니라 여러 작품들에서 일관되게 나타난다. 이 이야기들은 '사랑'과 '용기'의 힘을 낭만적으로 보여 준다. 이 점은 작품에서 재미를 느낄 수 있는 포인트지만, 반대로 이 작품의 허술한 지점으로 비판받을 수도 있을 것이다.

작가는 〈산티아고 카락다그〉를 통해 가난하고 지혜로운 청년 '산티아고'와 노동의 가치를 알고 지혜로운 '루이사'라는 여인상을 그렸다. 나머지 세 작품은 왕자와 공주가 주인공인 작품이고, 외국을 배경으로 한 작품이다. 작가는 이국적 공간을 배경으로 아름다운 사랑을 추구하는 나탈리아 공주와 엔티케 왕자, 신분의 차이를 뛰어넘어 평민과 사랑을 하는 오르카다 공주, 모든 것을 던져 사랑을 지키려는 왕자 클라우디오와 플레리다 공주의 모습을 낭만적으로 형상화하였다. 이들 모두는 자주적으로 자기 인생의 길을 선택하여 개척하는 인물들이다. 한편으로 유약한 크레투스왕, 사악한 왕비 시디라(《잊힌 공주》)는 권력에 의지해 선한 주인공들을 핍박하는 악인 형상으로 그려졌다.

필리핀 국민동화 바상 할머니 이야기

4. 성인 하층민의 삶의 덕목 예찬

이 유형은 성인들의 세계를 주로 그렸는데, 그중에서도 하층민들을 주인공으로 하여 그들이 지닌 삶의 덕목을 예찬하였다. 〈왕의 판결〉, 〈누구의 머리가 잘릴까?〉, 〈잘생긴 재단사〉, 〈두 도둑〉이 이에 해당된다. 작가는 하층민·성인층의 삶의 다양한 모습을 그리면서, '선함', '손님 대접', '분수 지키는 삶', '정직', '우정' 등의 덕목을 강조하였다.

〈왕의 판결(Judgement of the King)〉은 필리핀이 스페인의 식민지가 되기 전, 즉 필리핀 왕들에 의해 통치되던 시절, 어려운 사람을 도와주기를 좋아하는 사람 '할리우'가 욕심 많은 친구로 인해 고난을 겪다가 현명한 왕의 재판으로 인해 잘살게 되었다는 이야기다. 할리우는 부자인 친구 스캇의 도움으로 좋은 집을 지었는데, 욕심 많은 스캇이 질투심을 느껴 그 집을 자기 것이라 주장하자 마닐라 왕에게 재판을 받으러 간다. 도중에 할리우는 여러 사람을 만나는데, 그때마다 그들에게 피해를 입혔다. 여러 사람은 마닐라로 같이 가서 왕에게 재판을 요청했는데, 지혜로운 왕은 할리우에게 '선한 마음'이 있음을 간파하여 그에게 유리한 판결을 내리고, 고소인들에게는 불리한 판결을 하였다.

작가는 왕이 내린 파격적 판결을 지혜롭다고 하였고, 이로 인해 남을 도와줄 줄 알고, 착한 마음을 지닌 사람은 복을 받고, 욕심 많은 사람은 벌을 받는다는 교훈을 제시한다. 또한 이 작품은, "스페인 사람들이 이 땅을 침략하기 전, 필리핀은 많은 작은 나라들로 이루어져 있었다. 모든 도시들은 그 지역의 왕이 다스렸다"와 같은 문장으로 시작되는데, 이를 통해서 스페인의 침략 이전에 필리핀에도 독립적 왕국들이 존재하였다는 역사인식을 드러낸다. 한편으로 이 이야기는 스페인 식민지 이전, 곧 1571년 이전부터 전하던 민담에서 소재를 가져온 것으로 보인다.

〈누구의 머리가 잘릴까?(Whose Head Will Roll?)〉는 이슬람 왕국의 술탄과 재상, 양치기 부부를 주인공으로 한 이야기다. 크리스틴 벨렌은 그림책을 출판할 때 이 작품의 제목을 "술탄 사이프"로 고쳤다. 옛날 존경받는 한 술탄이 자신의 성이 신하들에 의해 불타는 꿈을 꾸고 거지로 변장하여 재상과 양치기 부부를 만난 뒤, 반역을 꿈꾸는 재상의 목을 치고, 가난하지만 나그네에게 음식과 잠자리를 제공한 친절한 양치기 부부에게 큰 상을 주었다.

이 이야기는 가난한 백성에게도 선한 양심과 이웃을 대접하는 존중할 만한 행위가 있다는 교훈을 전하고 있다. 작가는 이 이야기를 통해 술탄의 지혜와 가난한 양치기 부부의 선행, 선행에 대한 보상을 강조하였다.

〈잘생긴 재단사(The Handsome Tailer)〉는 어느 왕국의 재단사가 왕자의 옷을 훔쳤다가 일어난 일을 다룬 이야기다. 잘생긴 젊은 재단사 아델리노는 어느 날 자기 나라의 로살도 왕자가 수선을 맡긴 멋진 사냥옷을 입고 왕자 행세를 하며 먼 나라로 여행을 떠난다. 그는 도중에 오마르라는 이웃 나라 왕자를 만나, 그로부터 오랫동안 자기 왕국을 떠나 있다가 부친을 만나러 가는 중이라는 사연을 듣는다. 왕자에게서 말과 보검을 훔쳐 오마르 왕자의 성을 찾아간 아델리노는 자신이 왕의 아들이라고 주장한다. 그 나라의 왕은 아델리노에게 거의 속아 넘어갔지만, 로살도 왕자가 찾아와 아델리노가 자신의 옷을 입고 있다는 사실을 밝혀내 그의 계획은 실패로 돌아간다.

작가는 정직하지 않고 욕심을 부린 재단사가 벌받은 이야기를 흥미진진하게 묘사하는 한편, 사람이 '분수'를 지켜야 하며, '정직'해야 한다는 교훈을 제시하였다. 한편으로 왕자 로살도의 지혜를 부각시키고, 또 오마르 왕자를 통해서 너무 쉽게 사람을 믿지는 말아야 한다는 메시지도 전하였다.

〈두 도둑(The Two Thieves)〉은 늙은 도둑 바토와 젊은 도둑 킬라봇의 우정과 지혜를 그린 이야기다. 바토와 킬라봇이라는 유명한 두 명의 도둑은 어느 날 힘을 합쳐 왕국의 재무부 창고를 털기로 한다. 하지만 바토는 그 안에서 죽고, 킬라봇은 바토의 가족을 지켜 주겠다는 약속을 한다. 왕은 경찰서장에게 킬라봇을 잡으라고 명한다. 킬라봇은 기발한 꾀를 부려 재무부 창고를 털고, 나중엔 왕과 관리들이 술에 취해 깊은 잠에 들게 한 뒤 왕관과 지갑을 훔친다. 킬라봇은 뒤에 자신이 왕관을 찾은 것처럼 왕에게 돌려주고, 경찰서장으로 임명받아 백성들을 돕고 강도질을 막아 인생에 성공을 거두었다.

이 이야기는 일종의 민중영웅을 그린 이야기로, 작가는 두 명의 도둑을 주인공으로 하여 그들의 우정과 의리, 지혜를 우호적인 시각에서 그렸다. 특히 도둑 같은 하층민에게도 인간적인 면모와 지혜, 정치에 대한 선한 야망이 있음을 보여 주고, 민중을 구제하는 모습까지 그린 것은 레예스의 동화가 단순히 권선징악의 메시지에만 갇혀 있지 않음을 보여 준다.

이 유형의 중심인물은 성인 주인공이고, 대부분 하층민들이다. 마음이 따뜻한 할리우, 질투 많은 스캇, 지혜로운 판결자인 마닐라 왕, 지혜로운 술탄과 정성껏 나그네를 대접하는 늙은 양치기 부부, 분수를 몰랐던 재단사 아델리노, 의리 있고 야망 있는 젊은 도둑 킬라봇 등은 다른 유형에서는 발견하기 힘든, 독특한 캐릭터다. 한편으로 반역자 재상은 반역을 서슴지 않는 악한으로 그려졌다.

5. '다문화성'과 '다양한 주제의식'이 돋보이는 선집

『바샹 할머니 이야기 정선』(1997)은 제재 면에서의 '다문화성'과 '다양한 주제의식'이 특징이다. 레예스는 원작의 '국적'이나 '원형'에 크게 구애받지 않고 제재를 구하여 스토리텔러인 성인 독자 및 어린이 청자·독자들에게 민족의 생활과 감정을 담은 친숙하고 재미있는 이야기를 제공하였고, 이 이야기들에 진중하고도 명확한 메시지를 담으려고 하였다. 세브리노 레예스는 필리핀의 탁월한 근대 민담가이자 국민 동화작가로서 인식될 만하다. 나아가 1920~1940년대에, 필리핀 민담 및 당대 이야기에 스페인 식민지의 역사적 경험과 유럽 및 인근 국가 설화의 소재와 문학적 전통을 혼용하여 다문화성을 지닌 독창적 성격의 동화를 창작한 점은 서사의 원형이나 일국문화의 순수성, 민족주의를 강조해 온 한·중·일 등의 동아시아 문학계에서 주목할 만한 특징이다.

위 책에 첫 번째 작품으로 실린 〈마리아와 게〉 번역문을 싣는다. 이 작품은 필리핀판 신데렐라 이야기인데, 구승되던 필리핀의 민담을 바탕으로 세브리노 레예스가 재화한 것으로 보인다.

〈마리아와 게〉 전문

1

옛날 옛날, 비사야에 부자 농부 후안과 그의 아내 달리다가 살고 있었다. 그들은 드넓은 쌀 농장을 관리하면서 매일 열심히 일했다. 후안과 달리다 부부에겐 마리아라는 예쁜 딸이 있었다. 후안 부부는 외동딸 마리아를 그 무엇보다 사랑하였다. 마리아는 예뻤을 뿐 아니라, 착하고 말을 잘 듣는 딸이었다. 아무리 바빠도 그녀는 친구들과 이웃들을 도왔다. 모든 사람들, 심지어 농장의 동물들까지도 마리아를 사랑했다.

그러던 어느 날, 후안은 키카이라는 여자를 만났다. 키카이는 자신이 원하는 것이라면 무엇이든 갖고 마는 여자였다. 한번 그녀가 물건이나 사람을 가지려고 하면 아무도 그녀를 막을 수 없었다. 그리고 지금 그녀는 이 부자 농부에게 흥미를 가졌다. 그녀는 기회가 될 때마다 후안을 만날 구실을 찾기 시작했다. 처음엔 키카이도 아내와 딸에 대한 후안의 감정을 흔들진 못했다. 그러나 교활한 키카이는 곧 그녀의 방식으로 후안의 마음을 매혹하였다.

후안은 키카이와 사랑에 빠지면서 매일 집에 늦게 들어오기 시작했다. 그는 아내에게 거짓말을 하기 시작했다. 그는 달리다에게 먼 농장에 해야 할 일이 매우 많다거나, 그에게 빚진 사람들에게 빚을 받느라 늦는다고 거짓말했다.

마리아는 아버지가 늦게 들어오고 자기에게 무관심해지자 상처를 받았다. 누구도 달리다에게 남편의 변한 모습에 대해 말해 주지 않았고, 달리다도 자기의 남편이 바람을 피우리라고는 생각하지 못했다. 달리다는 남편의 이상한 행동에 태연한 척 행동했다. 그녀는 가능한 많은 시간을 마리아와 보냈다. 이러한 방식으로 어머니와 딸은 후안에 대한 그들의 걱정을 줄일 수 있었다.

어느 날, 후안이 키카이의 집에 있는 동안, 이 교활한 과부는 불만을 터뜨렸다.

"모두들 내가 노리개 그 이상, 그 이하도 아니라고 우리 뒤에서 욕해요. 만약 당신이 진짜 나를 사랑한다면 이렇게 지낼 수는 없어요."

"키카이, 내가 뭘 할 수 있겠어?"

후안이 대답했다.

"당신도 내가 아내와 딸이 있다는 걸 알잖아."

"사실이에요."

키카이가 말했다.

"그런데 만약 당신이 정말 원한다면, 당신은 이 모든 끔찍한 소문들로부터 나를 구할 수 있어요."

그녀는 삐쳐서 울기 시작했다.

"당신은 저를 정말로 사랑하지 않나 보군요."

그녀는 계속 울었다.

"어떻게 그런 말을 해?"

후안이 물었다.

"내가 당신 없이 살 수 없다는 거 알잖아."

"당신은 내게 동정심도 없군요."

키카이가 훌쩍였다.

"지금 당장 떠나는 게 좋을 거예요!"

그녀의 흐르는 눈물은 이 농부의 영혼을 천천히 독살하기 시작했다.

"사랑해."

후안이 그녀를 설득하려 했다.

"그리고 난 당신을 행복하게 하기 위해선 뭐든 할 거야, 당신도 알고 있잖아. 하지만 내가 어떻게 당신과 결혼하지? 난 이미 아내와 딸이 있는 걸."

이 말에 과부의 목소리가 돌처럼 차갑고 딱딱하게 변했다.

"만약 그게 당신의 유일한 이유라면, 해결할 방법은 있어요. 아내를 죽이고 나랑 결혼해요. 그렇게 하면 우린 당당하게 함께 살 수 있고 사람들이 뭐라고 말하든 걱정하지 않아도 돼요. 그러면 우리의 사랑은 더 강해지고 우린 영원히 함께할 수 있어요."

"키카이!"

키카이의 사악한 계획을 들은 후안은 떨리는 목소리로 말했다.

"당신은 내가 아내를 죽이길 원해?"

키카이는 대답했다.

"나와 당신은 당신 아내가 살아 있는 한 자유롭지 못해요. 만약 당신이 내가 행복하길 정말 원한다면, 당신은 내 말을 따라야 할 거예요."

후안은 깊은 한숨을 내쉬었다. 만약 그가 거절한다면 키카이는 그를 떠날 게 분명했다. 만약 그런 일이 일어난다면, 이 교활한 과부를 정말 사랑한 그에게는 죽음보다 끔찍한 일일 것이다. 그날 밤 키카이에게 작별인사를 한 후, 후안은 이 사악한 일을 하기로 마음먹었다. 후안이 집으로 뛰어가는 동안에도 그 마음은 변하지 않았다. 집에 도착한 후안은 그제서야 마리아와 달리다가 자기 앞에 서 있는 걸 알았다.

"잘 다녀오셨어요?"

마리아가 아버지한테 물었다.

"그래, 좀 피곤하구나."

"왜 이렇게 얼굴에 근심이 가득하세요? 무언가 잘못됐나요?"

달리다가 물었다.

"아니, 난 그냥 내가 받은 초청장을 생각하고 있었어."

후안이 멍하니 대답했다.

"무슨 초청장이길래 그렇게 걱정하는 거예요?"

달리다는 걱정스러운 얼굴로 말을 이었다.

"당신의 얼굴이 무척 슬퍼 보여요."

"음 … 그게 … 나한테 모든 곡식을 팔았던 큰 강 건너 사는 상인 알지? 그가 오후에 나를 보러 왔어. 그가 우리 부부를 자기 도시에서 열리는 축제에 초청했어. 어떻게 내가 거절하겠어? 어쨌든 우린 오래 있지 않을 거야. 저녁 먹은 후에 우리 배를 타고 가서 아침 전엔 거기에 도착할 거야. 선착장에서 그를 만나기로 했거든."

"전 잘 모르겠어요, 저는 마리아 혼자 두고 가기가 어려울 것 같아요."

달리다가 주저하며 말했다.

"그냥 따라 와. 우린 내일 이른 저녁쯤까지는 돌아올 거니깐."

후안이 고집했다. 남편을 믿는 달리다는 한 번도 남편의 말을 거절해 본 적이 없었기에 안 된다고 말하지 못했다.

저녁을 먹은 후 후안은 배를 준비했다. 그날 밤은 잉크처럼 까맸다. 폭풍우가 몰아쳐서 강의 물결이 거셌다.

"배를 타고 가기엔 너무 위험하지 않을까요?"

달리다가 옷 가방을 배에 넣으면서 물었다.

"그저 바람만 부는 거야, 걱정하지 마. 우린 쉽게 건널 수 있을 거야."

달리다는 그녀의 남편을 완전히 믿었다. 후안이 더 이상 그녀만을 사랑하는 남자가 아니라는 사실이 그녀에겐 보이지 않았다. 작은 배는 흔들렸지만 후안은 아랑곳하지 않고 노를 젓기 시작했다. 오래지 않아 바람은 차가워졌고, 큰 파도가 뱃전을 철썩철썩 때리기 시작했다.

"후안, 무서워요. 우리 돌아가야 하지 않을까요?"

"돌아가자고? 그럴 순 없지."

갑자기 후안의 목소리가 무섭게 돌변했다.

"이러다 배가 뒤집힐 것 같아요. 저기 큰 파도와 거센 폭풍이 보이지 않아요?"

"폭풍 따윈 상관없어."

"후안, 대체 왜 그래요?"

달리다가 물었다. 후안은 그의 아내를 날카로운 눈으로 노려보면서 일어났다.

"제발, 돌아가요. 우리 배가 뒤집힐 거고 우리 모두 죽을 거예요."

달리다가 애원했다.

"아니, 우리 중 한 명만 죽을 거야."

미쳐 버린 남자가 대답했다.

필리핀 국민동화 바샹 할머니 이야기

"난 당신을 끝내려 여기 왔단 말이야!"

후안은 그의 아내를 소용돌이치는 검은 강으로 강하게 밀어 버렸다. 가엾은 달리다는 수영을 하지 못했다. 그녀는 물속으로 가라앉았고, 상어에게 먹혀 버렸다.

후안은 사악한 웃음을 터뜨린 뒤 숨을 한번 깊게 내쉬고는 배를 몰아 집으로 돌아갔다. 후안이 선착장에 도착한 것은 다음날 아침이었다. 그는 마을 사람들에게 폭풍 때문에 강의 가장 깊은 곳에서 배가 뒤집혀 달리다가 죽었다고 말했다. 사람들은 달리다가 물에 빠져 죽었다는 이야기를 듣고 모두 큰 충격을 받았다. 마리아는 너무 놀라고 슬픈 나머지 어쩔 줄 몰랐다. 달리다는 마리아의 가장 좋은 친구였기 때문이다.

"슬퍼하지 마라. 마리아, 이제부터 내가 네 엄마 몫까지 하마."

후안이 마리아에게 말했다. 후안은 키카이를 만나기까지 며칠을 기다렸다. 교활한 과부는 그를 기쁘게 맞았다. 그녀는 이미 소식을 들어 알고 있었다.

"고마워요, 후안. 이제 당신은 오직 제 것이에요."

키카이가 후안을 세게 끌어안으면서 말했다.

"당신을 사랑해서, 난 살인자가 됐어."

후안이 대답했다.

"이제 우린 결혼할 수 있어. 하지만 기억해, 만약 당신이 나를 배신한다면, 난 당신도 죽일 수 있어."

"난 항상 당신을 믿을 거예요."

키카이가 그를 확신시켰다.

"그리고 제 딸들, 세라피아와 펠리사도 당신의 아이들이 될 거예요."

몇 주 되지 않아 부자 홀아비가 두 딸을 둔 과부와 결혼했다는 소식

이 퍼졌다. 키카이는 단숨에 후안의 집으로 들어갔다. 후안은 키카

이를 옆에 두고 마리아에게 말했다.

"네가 엄마를 얼마나 그리워하는지 안다. 그래서 내가 너를 위해 빨

리 재혼한 거야. 난 네가 혼자 있길 원치 않는다. 키카이는 이제 너

의 새엄마다. 새엄마의 두 딸은 너의 친구들이 되는 거야."

마리아는 새로 온 사람들에 무척 기쁜 듯이 행동했다. 그러나 그녀

가 방을 나왔을 때, 그녀의 눈엔 눈물이 고였다.

2

그날 이후로 마리아의 삶은 훨씬 나빠졌다. 그녀는 아버지가 새 아

내를 데려온 후론 절대 행복할 수 없었다. 키카이는 매일같이 마리

아를 함부로 대했다. 마리아는 그녀의 새어머니와 의붓 자매들의

명령을 따라야만 했다. 그녀는 많은 양의 집안일을 했고 하인처럼

더럽고 누추한 옷을 입었다.

하지만 마리아는 이 모든 어려운 일들을 조용히 견뎠다. 그녀는 더

이상 아버지를 의지할 수 없었다. 후안은 새 아내에게 깊이 빠져서

새 아내에 맞서 자신을 생각하거나 딸을 보호하지 못했다.

얼마 뒤 후안은 크게 앓다가 돌연 죽어 버렸다. 마리아는 더욱 깊은 절망에 빠졌다. 이제 그녀를 보호해 줄 사람은 아무도 없었다. 후안이 죽은 후, 키카이는 후안의 넓은 농장과 사업들을 물려받았다. 그녀는 마리아에게 더욱 모질게 굴고, 더 많은 일을 시켰다.

마리아는 시장에 나가 장을 보고, 요리를 하고, 부엌을 청소하고, 옷을 빨아야 했다. 다른 하인들은 키카이의 두 딸을 챙기라고 명령 받았다. 하인들은 두 딸이 어디를 가든 따라다녔고 그들의 변덕에 비위를 맞췄다. 마리아는 가슴이 아팠다. 마리아는 돌아가신 엄마가 보고 싶어 견딜 수 없었다.

어느 날 마리아가 우물 근처에서 빨래를 하고 있는데, 누군가 자기 이름을 부르는 소리가 들렸다. 고개를 들자 큰 게가 앞에 있었다. 마리아가 두려워하자, 게는 상냥하게 말했다.

"애야, 놀라지 마라, 나는 네 엄마란다."

게가 말했다.

"새어머니 때문에 네가 얼마나 힘들어하는지 알고, 널 위로하러 왔단다."

마리아는 깜짝 놀랐다. 마리아는 주위를 둘러보고 게에게 속삭이듯 말했다.

"어머니라고요?"

마리아가 믿을 수 없다는 듯이 말했다. 잠시 뒤 마리아가 다시 말했다.

"어머니가 돌아와서 너무 기뻐요! 왜 절 두고 가셨어요? 어머니가 돌아가시곤 아무도 절 돌봐 주지 않아요."

어린 소녀는 훌쩍이기 시작했다.

"네 아버지가 날 죽였단다."

게가 말했다.

"네 아버지가 키카이랑 결혼하려고 날 죽였어."

마리아는 그녀의 아버지가 그렇게 사악한 행동을 했다는 것이 믿기지 않았다. 그녀와 어머니는 대화를 계속했다. 머지않아 하인이 와서 새어머니가 그녀를 찾는다고 마리아에게 말해 주었다.

그날 이후 마리아는 매일 아침 우물가에서 게를 만났다. 그러나 하인이 이것을 알아차리고 키카이에게 말하기까지는 그리 오랜 시간이 걸리지 않았다. 키카이는 하인에게 그 게를 잡아서 요리하라고 명령했다. 마리아는 게로 변신한 어머니에게 새어머니의 음모에 대해 걱정스럽게 말했다.

"마리아, 걱정 말렴."

게가 마리아에게 말했다.

"만약 그들이 날 해친다면 나도 그들을 괴롭힐 거야."

마리아는 웃을 수밖에 없었다.

"그리고 마리아. 내가 죽는다면 너는 내 껍데기를 모아서 마당에 묻어야 한다는 걸 기억하렴."

게가 그녀의 딸에게 말했다.

"내 껍데기를 묻은 곳에서 나무가 자랄 거야. 그리고 거기서 열매가

달리면, 하나를 따서 갖고 있으렴. 그 마법의 과일은 네 소원을 들어
줄 거야."

마리아는 게의 이야기를 듣고 안심하였다. 그러나 마리아는 곧바로
두려움에 빠졌다. 갑자기 하인 둘이 그녀 뒤에서 뛰어나와 바구니
에 게를 잡아넣었기 때문이었다. 하인들은 그 게를 순식간에 끓는
솥 안에 집어넣었다. 키카이와 그녀의 두 딸은 하인들이 요리한 게
를 맛있게 먹었다.

마리아는 조용히 그들이 먹는 모습을 지켜보았다. 얼마 뒤 세라피
아와 펠리사는 배가 아프다고 땅바닥을 뒹굴며 울부짖었다. 키카이
도 아픈 배를 움켜잡고 떼굴떼굴 굴렀다. 그들은 너무 아파 어쩔 줄
몰랐다. 그동안 마리아는 그녀의 엄마가 말한 대로 게 껍데기를 모
아 뒤뜰에 파묻었다. 다음 날 아침, 마리아는 게 껍데기를 묻은 곳에
서 싹이 튼 것을 발견했다.

시간이 흘러도 마리아의 사정은 좋아지지 않고, 매일같이 힘든 일을
계속해야 했다. 그 사이 싹은 크게 자라 나무가 되었다. 어느 날 마
리아가 강에서 빨래를 하고 있는데, 그녀의 빨래통이 강물에 떠내려
갔다. 그녀가 물에 뛰어들어 빨래통을 건지려 했지만, 물살이 너무
빨라 빨래통을 건질 수 없었다. 이 어린 소녀는 겁이 났다. 마리아는
빨래통을 잃어버린 일 때문에 새엄마에게 꾸중을 듣고, 심지어 매까
지 맞을 것임을 알고 있었다.

그녀가 울면서 집으로 걸어가는데, 느닷없이 한 할머니가 나타나,

"왜 울고 있니, 예쁜 아이야?"라고 물었다.

마리아는 무심결에, "제 빨래통이 강물에 떠내려갔어요. 새엄마가 절 혼낼 거예요"라고 대답했다.

할머니는 친절하게, "애야, 걱정하지 말렴! 집에 가 보면 빨래통이 거기 있을 거야"라고 말했다. 그리고는 마리아의 이마에 반짝이는 지팡이를 부드럽게 댔다. 그러자 예쁜 별이 마리아의 부드럽고 하얀 이마 위로 생겨났다.

"이 별은 '선함의 별'이란다. 이것은 네가 원할 때마다 이마에서 빛날 거야. 그리고 누구든지 너를 때리려는 사람은 반대로 그들이 맞게 될 게다."

"고마워요, 할머니."

마리아가 할 수 있는 건 이 말뿐이었다. 그녀가 가벼운 마음으로 집에 돌아갔을 때, 이마에는 여전히 '선함의 별'이 빛나고 있었다. 부엌에 들어서자 놀랍게도 마리아가 잃어버린 빨래통이 돌아와 있었다. 키카이는 마리아의 웃는 모습에 화가 났다. 그녀는 불을 지피는 막대기로 마리아를 때렸다. 그런데 신기하게도, 막대기는 살아 있는 듯 거꾸로 키카이의 등을 때리기 시작했다. 놀란 키카이가 막대기를 들어 다시 한번 마리아를 때리려 했지만, 팔이 말을 듣지 않았다. 예쁜 별이 마리아의 이마에서 빛을 냈다. 키카이는 별을 보고 너무도 놀라서 말을 하지 못했다. 그녀는 막대기를 던지고 도망갔다.

3

어느 날, 마리아가 사는 마을에 스페인 총독의 아들이 방문한다는 소식이 퍼졌다. 그의 이름은 엔리크였다. 총독의 아들은 부자였고, 큰 권력을 가지고 있을 뿐만 아니라 너무나 잘생겼다.

마을 사람들은 엔리크를 맞이해서 성대한 무도회를 열려고 준비했다. 세라피아와 펠리사는 매우 흥분했다. 키카이는 총독의 아들이 그녀의 딸 중 한 명에게 반하기를 소원했다. 키카이는 딸들을 예쁘게 꾸미기 위해 아름다운 드레스를 준비했다.

무도회가 열리는 날, 사람들이 마을 광장에 모였다. 마을에서 부유한 사람들은 모두들 총독의 아들을 만나러 갔다. 물론 가난한 마리아는 집에 홀로 남았다. 그녀는 뒤뜰에 나가서 게 껍데기 묻은 곳에서 자란 나무 아래 앉았다. 나무는 그림자를 만들어 슬픔에 빠진 마리아를 위로해 주었다. 마리아는 울기 시작했다. 그녀는 잘생긴 총독의 아들을 보고 싶었다.

그러다 문득 게가 말해 준 이야기가 떠올라 나뭇가지를 보자, 정말 가지에는 작은 열매가 달려 있었다. 마리아는 깜짝 놀랐다. 만약 열매가 자기 소원을 들어준다는 말이 사실이라면, 그녀는 무도회장에 갈 수 있었다.

마리아는 까치발을 들어 열매를 땄다.

"제발!"

마리아가 열매에 대고 속삭였다.

"난 그 유명한 돈 엔리크를 보고 싶어. 하지만 난 입을 게 없어. 내게 입을 것을 주렴."

순간 마리아의 눈앞이 번쩍하더니 마리아의 몸에는 금과 다이아몬드로 장식된 아름다운 드레스가 빛나고 있었다. 마리아가 문 앞으로 걸어 나오자 백마들이 끄는 멋진 마차가 그녀를 기다리고 있었다.

무도회에 참석한 마리아를 보며 사람들은 그녀의 아름다움에 넋을 잃었다. 너무도 아름답게 변한 모습에 누구도 그녀가 마리아인 것을 알아차리지 못했다. 누군가는 마리아를 부유한 술탄의 딸이라고도 말했다.

마리아를 발견한 돈 엔리케는 아름다운 마리아 옆을 단 한 번도 떠나지 않았다. 돈 엔리케와 마리아는 손을 잡고 춤을 췄다. 무도회장에 모인 사람들이 모두 둘을 쳐다보았다. 키카이와 그녀의 두 딸은 의심스러운 눈초리로 마리아를 쳐다보았다.

"저 아가씨, 마리아와 닮지 않았니?"

그들은 서로 수군거렸다. 하지만 그들은 그녀의 비싸고 아름다운 옷을 보고 믿을 수 없었다.

"진짜예요, 엄마. 마리아라고요."

세라피아가 속삭였다.

"네, 맞아요."

펠리사가 동의했다.

"저 사람의 이마에 있는 별을 보세요. 저건 우리가 때때로 마리아의 이마에서 보았던 별이지 않아요?"

"난 잘 모르겠구나. 설마, 그럴 리가."

키카이가 말했다.

"그 아이가 어디서 저런 우아한 옷과 값비싼 보석을 가져올 수 있겠
니? 그리고 저 마차까지 말이야!"

시간은 훌쩍 지났다. 마리아는 자신이 누구인지 들키지 않게 키카
이보다 먼저 집에 달려가야 한다는 것을 알았다. 그녀는 불쑥 돈 엔
리케에게 작별인사를 하고 마차로 달려갔다.

급하게 달려가던 마리아는 자기의 유리구두 한 짝이 벗겨지는 것도
몰랐다. 무도회가 끝나고 엔리케는 남겨진 유리구두 한 짝을 발견
했다. 그는 이 유리구두가 자신과 춤을 춘, 신비하고 황홀한 여성의
것임을 알았다.

키카이와 그녀의 딸들은 집에 도착해서 누더기 옷을 입은 마리아가
조용히 부엌 바닥을 닦고 있는 것을 보고는 의심을 풀었다.

그날 밤, 돈 엔리케는 잠을 잘 수 없었다. 그는 그가 발견한 유리구두
를 뺨에 대 보았다. 그의 심장은 구두의 주인 때문에 두근거렸다. 그
리고 그 주인을 찾기 전까지 그는 잠시라도 가만히 있을 수 없었다.

다음 날, 돈 엔리케는 그의 병사들에게 유리구두의 주인을 찾도록
명령했다. 병사들은 마을의 모든 집들을 찾아갔다. 그들은 결혼하
지 않은 모든 여자들에게 구두를 신겨 보았지만 그 누구의 발에도
맞지 않았다.

이윽고 병사들이 키카이의 집에 도착했다. 키카이는 서둘러 마리아를 쌀부대에 넣어 묶은 후, 부엌의 난로 뒤로 숨겼다. 그동안 키카이의 두 딸은 유리구두를 신어 보았다. 하지만 아무리 신으려고 애를 써도 구두는 맞지 않았다.

"댁에 다른 아가씨는 더 없으십니까?"

병사가 물었다.

"없어요."

키카이가 거짓말을 했다. 병사들이 마당을 가로질러 나가려 하는데, 갑자기 마법의 나무에서 신비한 목소리가 들려왔다.

"그 구두의 주인은 부엌에 있어요. 쌀부대 속에 감춰져 있어요."

소리를 들은 병사들은 부엌으로 달려갔다. 그들이 난로 뒤에 있는 불룩한 쌀부대를 발견하고 부대를 풀어 보니, 그곳엔 아리따운 아가씨가 있었다. 마리아는 유리구두를 신어 보았다. 물론 구두는 그녀의 발에 완벽하게 맞았다!

병사들은 마리아를 돈 엔리케에게 데려갔다. 그녀가 더러운 넝마 옷을 입었음에도 불구하고, 총독의 아들은 그녀를 단숨에 알아보았다. 그는 기뻐하며 그녀의 손을 붙잡았다. 그녀의 이마에서 '선함의 별'이 빛났다.

돈 엔리케와 마리아가 마닐라에서 성대한 결혼식을 올리기까지는 그리 오랜 시간이 걸리지 않았다. 그들은 행복하게 살았다.

신부에게 주는 결혼선물로, 돈 엔리케는 키카이와 그녀의 딸들을 바다 한가운데의 무인도로 영원히 보내 버렸다. 그 무인도는 너무나 작아서 이름도 없고, 지도에서도 찾을 수 없을 것이다. 거칠고 황량한 그 섬을 이따금 찾는 방문객은 미역 줄기와 게뿐이었다. (끝)

5장

'바샹 할머니 이야기'의
그림책콘텐츠

1. 교육·학습콘텐츠로서의 그림책

필리핀이 미국 식민지이던 시절에 주간지에 실렸던 '바샹 할머니 이야기'는 이후 여러 형태로 출판, 방송되면서 독자들과 다시 만났다. 바샹 할머니 이야기는 2004년 앤빌 출판사에서 '세브리노 레예스의 바샹 할머니 이야기 그림책 시리즈'로 탄생했다. 이 시리즈는 바샹 연구자 크리스틴 벨렌이 편집하고, 프란시스 알카라즈, 알버트 가모스, 알버트 모어, 리자 플로레스, 루벤 데 헤수스 등 실력파 화가들이 그림 작업에 참여하였다. 이 시리즈는 2004년부터 2011년까지 총 20권이 출판되었다. 앤빌의 그림책 시리즈 출판 전략은 다음과 같다.

그림 6　마닐라 시 퀘존시티의 내셔널 서점의 그림책 코너. 책의 종 수도 많고, 다양하다. (촬영: 권혁래)

그림 7　내셔널 서점에 진열된 외국 그림책. (촬영: 권혁래)

첫째, 이중언어 병기체재를 채택하여 독자층을 넓히고자 하였다. 2004년도에 간행된 다섯 작품은 타갈로그어로 출판하였는데, 2005년부터는 타갈로그어와 영어를 병기하여 열다섯 작품을 출판하였다. 그림책의 이중언어 병기는 필리핀 아동들의 영어교육 수요를 겨냥한 것으로, 독자층을 넓히기 위한 꽤 중요한 출판 전략으로 평가된다.

둘째, 작고 저렴한 그림책 출판 전략을 채택하였다. 이는 이 책의 주요 구매층인 초등학교 저학년 학생이나 학부모층이 쉽게 사 볼 수 있도록 한 출판 전략의 일환이다. 각 책은 17.8×23cm 크기에 소프트커버, 30페이지 안팎이며, 책값은 권당 82페소, 원화로 1,800원 정도로 저렴하다. 앤빌 그림책보다 조금 큰 사이즈에 비슷한 쪽수로 나온 책들의 가격은 130~150페소이다.

필리핀에서 그림책은 1990년대 중반 이래 활발하게 출판되기 시작했는데, 외국동화 및 필리핀 민담이나 동화를 원작으로 한 그림책, 학습용 그림책 등 다양한 그림책이 발견된다. 마닐라 시 퀘존시티 내

　　필리핀 국민동화 바샹 할머니 이야기

그림 8 앤빌 출판사의 '바샹 할머니 이야기' 그림책 14종이 매대 한가운데에 진열되어 있는 모습. (촬영: 권혁래)

서널 서점에는 영어교육 등 학습용 그림책, 외국동화를 담은 그림책과 함께 필리핀 민담과 동화로 만든 그림책들이 진열되어 있는데, 바샹 할머니 이야기 앤빌 그림책 시리즈는 그림책 독립 매대 한가운데에 진열되어 있었다.

셋째, 독서교육에 적합한 편집체재를 취해 교육콘텐츠 성격을 강화하고자 하였다. 이 책은 "머리말-본문-질문"의 형태로 구성되어 있다. 머리말의 내용은 다음과 같다.

선생님들과 부모님들께

'바샹 할머니 이야기'는 대중 주간잡지 《리와이와이》의 1925년부터 1942년까지 발행된 호에 실려 있습니다. 잡지와 단행본 외에도 이 이야기들은 만화책, 라디오 방송, 영화, TV 방송, 그리고 젊은이들과 노인들에게 즐거움을 주는 많은 형식을 통해 전해지고 있습니다. 이러한 형식들을 통해 재화된 이 이야기들은 현세대와 다음 세대에게 필리핀 문학의 가치 있는 교훈, 역사, 오락 등 풍부한 재료를 전달할 것입니다.

크리스틴 벨렌

머리말에서 눈에 띄는 것은 독자를 어린이가 아닌, 선생님과 부모님으로 설정하였다는 점이다. 이는 어린이들이 직접 읽을 수도 있는 것이지만, 선생님과 부모님이 읽어 주는 동화, 교육적으로 활용할 수 있는 용도로 이 책의 성격을 설정했다는 의미이다. 그리고 '바샹 할머니 이야기'의 원작에 대해 간략히 이야기하면서도 그것의 고전적 가치를 강조하였다. 편집자 크리스틴 벨렌은 선생님과 부모님이 '바샹 할머니 이야기' 시리즈의 고전적 가치를 이해한 상태에서 어린이들에게 독서지도를 하고, 본문 뒤에 질문거리를 다섯 개씩 만들어 토론하는 형태의 교육적 활용을 염두에 두었다.

본문 뒤에 붙은 '질문'은 본문의 내용을 확인하면서도 작품의 의미를 이해하는 데 꽤 유용한 문항들로 구성되어 있다. 가령, 19권 〈겁 없는 페드로〉의 권말에 붙은 내용을 보면 다음과 같다.

① 겁 없는 페드로는 어떤 종류의 용기를 가졌습니까?

②"총알을 물다"는 말은 어떤 의미일까요? 신도와 토나 부부가 아

이를 가질 때의 자포자기한 상황에 대해 설명해 볼까요?

③후안 신부가 신도와 토나 가정에서 맡은 중요한 역할은 무엇입니까?

④당신이 걱정하고 있는 일에 대해 말해 볼까요? '두려움'의 긍정적

혹은 부정적 효과는 무엇입니까?

⑤〈겁 없는 페드로〉는 어떤 종류의 이야기입니까?

①은 주인공의 성격을 묻는 질문이고, ②는 본문에 쓰인 관용적 표현에 대해 묻는 것이고, ③은 작품 내에서 인물의 기능을 묻는 것이고, ④는 작품의 주제 및 정서를 바탕으로 하여 독자 자신에게 적용하는 것이고, ⑤는 이 작품의 유형을 파악하는 질문이다. 이 질문들은 모두 그림책을 활용하여 교사와 부모가 학생들에게 독서지도의 방향을 제시하게 한다. 문학 전공자는 철저하게 텍스트 및 인물에서 질문을 준비한다는 점에서 교육학 전공자의 방식과는 다소 차이가 있는 것으로 보인다.

다른 열아홉 책에도 이런 방식으로 작품 내용에 기초하여 다섯 개씩 잘 정리된 질문이 준비되어 있다. 이 점은 '바샹 할머니 이야기'의 다른 출판물에서는 찾아보기 힘든, 교육적 활용에 적합한 면이다.

크리스틴 벨렌은 '바샹 할머니 이야기'를 TV 쇼, 창작 발레, 연극으로 각색하는 등 다양하게 실험하고 있다.

넷째, 판타지 성향의 작품으로 시리즈 목록을 채웠다. 이 그림책

시리즈의 목록은 이 책의 부록에 실려 있다(「부록 2」〈표 20〉 참조). 〈마법의 바이올린〉, 〈난쟁이의 복수〉, 〈코가 긴 왕자〉, 〈비겁한 왕자〉, 〈난쟁이의 성〉, 〈신비한 부적〉, 〈열두 명의 쾌활한 공주〉의 제목에서 알 수 있듯이 이 시리즈는 '왕자', '공주', '마법', '부적', '난쟁이' 등의 낭만적이고 초현실적 성격의 캐릭터와 갈등 해결방식이 드러나는 작품들로 채워져 있다.

그림책의 원작 '바샹 할머니 이야기'는 총 작품 수도 많은 데다, 가톨릭 신앙에 기초한 종교적 주제의 이야기, 당대 필리핀 아동들의 생활에 대한 이야기, 필리핀 전래의 신화나 민담을 소재로 한 환상적인 이야기, 외국의 민담을 소재로 한 이야기, 다양한 삶의 주제를 드라마 형태로 쓴 이야기 등 제재나 주제 면에서 다양한 편이다. 1997년에 간행된 『바샹 할머니 이야기 정선』에 수록된 열두 작품만 해도 소년층, 청년층, 성인층을 주인공으로 하여 다양한 주제의식을 보여 주었다. 그런데 이 그림책 시리즈에는 유독 '마법', '거인', '난쟁이', '왕자와 공주'와 관련된 작품들이 많이 수록되어 있다. 편자는 이런 작품들을 주로 선정한 이유에 대해, 세브리노 레예스의 창작수법이 "Magical Realism", 곧 '마술적 사실주의'에 충실한 것과 연관이 있다고 하였다.[16] 하지만 이는 세브리노 레예스 작품의 전체적인 특징이라기보다는, 편자의 작품 선정 성향이 작용한 것이라고 보는 것이 타당하다. 크리스틴 벨렌은 초현실적 판타지 성향의 작품들로 시리즈를 구성하면서 어린이 독자들에게 '강렬한 흥미'라는 분명한 색깔을 제시하려고 한 것으로 보인다.

2. 신이담 위주의 동화콘텐츠 구성

이 장에서는 앤빌 그림책 시리즈의 작품을 유형별로 분류하여 인물과 서사, 주제의 성격에 대해 살펴볼 것이다.[17] '바샹 할머니 이야기' 원작의 장르적 성격을 규정한다면, 대체로 민담을 재화한 '동화'라는 용어로 표현할 수 있다. 이를 설화의 유형 분류방식에 근거하여 분류한다면, 한국에서는 S. 톰슨의 분류방식을 응용한 장덕순,[18] 최인학,[19] 조희웅,[20] 조동일[21] 등의 분류법을 검토할 수 있다. 여러모로 검토한 결과, 나는 조희웅의 분류방식이 일관되고 체계적이라 판단하여 이 분류법을 사용하고 있다. 조희웅은 설화의 범주에 신화, 전설, 민담을 모두 포함하여, 대분류 항목으로 동(식)물담, 신이담, 일반담, 소담, 형식담의 5개 항목을 두고, 이것을 다시 26개의 소항목으로 분류하였다.[22] 이러한 설화 분류방식에 의거하여 '바샹 할머니 그림책 시리즈' 수록 작품 20편을 분류하면 다음과 같다.[23]

신이담(新異譚): 15편

① 기원담(3): 〈마리아 시누콴의 사랑〉, 〈모기의 전설〉, 〈마리아 세

자매의 남동생〉

② 변신담(3): 〈마법에 걸린 꼽추〉, 〈원숭이 왕자〉, 〈난쟁이의 성〉

③ 초인담(5): 〈새들의 왕자〉, 〈신비한 부적〉, 〈난쟁이의 복수〉, 〈판다코통〉, 〈겁 없는 페드로〉

④ 주보담(3): 〈페리킹의 피리〉, 〈열두 명의 쾌활한 공주〉, 〈마법의 바이올린〉

⑤ 운명담(1): 〈코가 긴 왕자〉

소담(笑譚): 2편

① 지략담(1): 〈왕을 물리친 하녀〉

② 바보담(1): 〈일곱 얼간이〉

일반담(一般譚): 3편

① 교훈담(3): 〈비겁한 왕자〉, 〈술탄 사이프〉, 〈신비한 장미〉

이상 20편 중에서 신이담은 15편으로, 전체의 75퍼센트를 차지한다. 일반담은 3편, 소담은 2편이고, 동물담과 형식담은 없다. 이러한 유형 구성이 의미하는 바는 무엇일까?

신이담은 현실에서는 절대 일어날 수 없는 비현실적인 존재와 힘이 현실세계에서 활약·작동하는 신비스러운 이야기를 말한다. 이 그림책 시리즈가 신이담 위주로 구성된 데는 '바샹 할머니 이야기' 중에서 민담적 요소와 판타지적 특성을 적극적으로 보여 주겠다는 편집자의 의도가 반영되어 있다. 하위 유형에 속하는 작품들은 그 성격을 좀 더 자세히 고찰할 필요가 있다.

일반담이란 신비스러운 요소가 제거된 보통 인간들의 이야기이다. 일반담의 하위 항목 중에서는 오직 용감함, 선행 등을 강조하는 교훈담 세 편이 수록되었다. 소담은 주로 웃음·재간·바보에 관한 이야기인데, 이 시리즈에는 지략담과 바보담이 각각 한 편씩 수록되어 있다. 소담의 비중이 이렇게 낮다는 점은 작품집에 유머와 풍자의 정서가 그만큼 적다는 것을 의미한다.

동물담은 동물들이 의인화되어 주인공의 역할을 맡는 이야기이고, 형식담이란 이야기의 진행 자체가 반복·누적·연쇄·회귀와 같은 특별한 형식에 의거하여 전개되는 이야기인데, 이 그림책 시리즈에는 한 편도 없다. 일반적으로 우화나 전래동화에 많이 보이는 동물담과 소담이 한 편도 없다는 것은 이 그림책 시리즈의 서사가 복잡하고 주제가 다양하다는 것을 의미한다.

3. 초월적 주인공들의 신비한 이야기, 신이담

신이담 15편은 하위 항목 중에서 초인담 5편, 주보담 3편, 기원담 3

편, 변신담 3편, 운명담 1편으로 구성되어 있다. 응보담은 없다.

1) 초인담: 초현실적 주인공들의 이야기

초인담은 신이나 유령, 거인, 요정 등 비현실적 존재와 보통 사람 이상의 재주와 식견을 지닌 사람들의 활약이 중심이 되는 이야기로, 〈새들의 왕자〉, 〈신비한 부적〉, 〈난쟁이의 복수〉, 〈판다코퉁〉, 〈겁 없는 페드로〉가 있다. 각 작품에서 초인적 존재는 각각 '하늘 왕국'에서 온 왕자, 거대하고 털 난 검은 생명체, 뾰족 모자를 쓴 난쟁이, 거인들, 유령 등이다. 초인담에서 주목되는 인물은 싱싱 공주, 판다코퉁, 페드로 등으로, 이들의 캐릭터에서 용기, 여행, 성장, 결혼 등의 키워드를 읽어 낼 수 있다.

〈새들의 왕자〉의 주인공은 싱싱 공주, 통키앙왕, 새들의 왕자 등이다. 싱싱 공주는 통키앙 지방에 사는, 아름다운 미모를 지닌 18세의 공주이다. 그녀는 독특하게도 사람이 아닌, 창밖에 지저귀는 새와 사랑에 빠진다. 그런데 새는 하등 조류가 아니라, '천상의 존재' 또는 '하늘과 땅을 이어 주는 전령'을 상징하며, 아름다운 깃털이 있으며, 무슨 일이든 해결할 수 있는 능력자, 새 왕국의 왕자로 그려졌다. 땅의 절대권력자인 부왕은 새와의 결혼을 반대하여 공주를 방 안에 가둔다.

원작에서 새들의 왕자는 왕이 낸 세 가지 과제, 곧 왕국을 공격한 거인을 물리치는 일, 도둑맞은 보물을 찾아오는 일, 병든 공주를 고치는 일을 모두 해결하였음에도 불구하고, 결혼을 허락받지 못한다. 그

림책에서는 분량상 앞의 두 가지 과제 수행만이 그려졌다. 결국 공주
와 새는 서로 말을 주고받으며 사랑을 지켜 낸다. 공주는 뒤에 왕자로
변신한 새와 함께 하늘 높은 곳으로 사라진다. 이 작품은 오래된 필리
핀 신화를 재화한 것으로 보이는데, '새들의 왕자'의 정체 및 그가 온
'하늘의 왕국'에 대해서는 아무것도 기술하지 않았다.

이 작품은 인간과 이계 존재와의 애정담으로 읽히기도 하지만, 실
은 전형적인 여성 성장담으로, 금기 화소, 애정장애 화소, 과제 수행
화소를 통해 여성이 아버지로부터 독립하여 새로운 세계로 자신의 사
랑을 찾아가는 과정을 그린 작품이다. 싱싱 공주는 자기 사랑을 확신
하며 새로운 세계, 미지의 세계로 떠나가는 독립적 여성상을 잘 보여
준다.

〈난쟁이의 복수〉은 젊은 하인과 난쟁이 사이의 우정에 관한 이야
기와 젊은 하인의 운을 이용하려는 욕심 많은 부부의 이야기이다.

〈겁 없는 페드로〉의 주인공 페드로는 '유령을 제압하는 자'이다.
그는 토나와 신도 부부가 기도해서 낳은 아들이다. 토나와 신도 부부
는 하느님께 기도해도 임신이 되지 않자, 사탄에게까지 아이를 달라
고 기도한다. 그렇게 태어난 페드로를 사탄이 열세 살 때 데려간다고
하여 신도와 토나 부부는 근심한다. 후안 신부는 토나와 신도 부부의
신앙을 지도하고, 페드로를 하느님의 자녀로 키우도록 돕는다. 후안
신부는 페드로가 하느님이 주신 아이라고 하며 토나와 신도 부부를
안심시키며, 사탄이 나타나면 쫓아낼 수 있도록 십자가를 주었다. 페

드로가 사람들을 때리고 문제를 일으키자 신부는 페드로를 교회의 가르침 안에서 살도록 지도하였다. 어느 날 유령이 나오는 집에 들어간 페드로는 유령과 싸워 이기고, 유령은 페드로에게 큰돈을 벌게 해 준다. 페드로는 그 돈을 갖고 고향으로 돌아가 부모님을 부자로 만들어 주고, 사람들을 도우며 살았다.

이 이야기는 사탄에 의해 태어난 것 같았던 페드로가 하느님의 은총에 의해 태어난 것이며, 신부의 기도와 축복, 교육에 의해 하느님의 자녀로 살았으며, 귀신조차도 두려워하지 않는 '용감한 대장부'로 성장하고, 부모에게 큰돈을 가져다준 점을 강조하였다.

〈판다코통〉은 어느 키 작은 재단사의 성장담이자 인생 성공담으로, 작은 가게에서 재단사로 일하던 판다코통이 자신의 운을 믿고 용감함을 시험하기 위해 여행을 떠나 거인들을 이기고, 공주와 결혼한다는 이야기다. 등장인물은 재단사 판다코통, 거인, 거인들의 왕, 노르만도왕, 엘피디아 공주 등이다. 'Pandakotyong'이라는 이름의 'pandak'은 'dwarf', 즉 '난쟁이'라는 뜻이다. 그림책의 첫 부분은 다음과 같은 문장으로 시작된다.

옛날, 아주 작지만 매우 영리한 재단사가 있었습니다. 사람들은 그를 판다코통이라고 불렀습니다. 그는 옷집 안의 작은 가게에서 햄을 팔고 있었습니다. 하루는 그가 팔고 있는 햄 위에 파리들이 날아다니는 것을 천 조각으로 때려잡았습니다. "나는 한 번에 일곱 마리나

잡았어. 나는 정말 용감한 사람이야." 그는 매우 자랑스러웠습니다. 그래서 그는 가게를 떠나 다른 곳에서 자신의 행운을 시험해 보기로 했습니다.

일곱 마리나 되는 파리를 한 번에 때려잡은 것에서 큰 자신감을 얻은 판다코퉁은 자신의 행운을 시험해 보겠다며 여행을 떠난다. 판다코퉁은 여행 기간 동안 몇 차례의 모험을 하는데, 첫 번째는 거인과의 대결이었다. 그는 거인과의 대결에서 승리하여 그들과 친구가 되었다. 더욱 대담해진 판다코퉁은 노르만도왕의 딸 엘피디아 공주와의 결혼을 꿈꾸게 된다. 사람들은 그런 그를 비웃었지만, 그는 자신만큼 용감한 사람은 없다고 생각하고 공주에게 청혼을 한다. 노르만도 왕국의 신하들은 세 가지 시험을 하는데, 두 거인을 물리치는 일, 날카로운 뿔을 지닌 소를 죽이는 일, 서쪽 마을을 괴롭히는 곰을 잡는 일이었다. 판다코퉁은 지혜와 용기를 발휘하여 세 가지 문제를 다 해결한다. 공주는 그의 용감함과 영리함을 아주 존경하고 있었고, 왕은 엘피디아 공주와 결혼시킨다는 약속을 지켰다.

〈신비한 부적〉은 겁쟁이 후안이 용감해지고 싶어 신비한 부적을 구하려다 실패하였다는 이야기다. 그는 그가 사랑하는 멜링의 마음을 사로잡기 위해 은둔자에게 부적 얻는 방법을 묻는다. 은둔자는 용기를 얻는 부적을 얻으려면, 공동묘지에 가서 태어난 지 4~5개월 된 아이를 갓 매장한 무덤을 파헤쳐 손가락을 깨물라고 했다. 후안은 무서워 까무러칠 뻔했지만, 노인이 가르쳐 준 대로 공동묘지에서 대담한 통과의례를 치르려고 한다. 그림책의 끝 문장은 다음과 같다.

> 그는 관 뚜껑을 열고 죽은 아이의 차가운 손가락을 붙잡았습니다. 그때 갑자기 거대하고 몸에 털이 잔뜩 난 검은 생명체들이 나타났습니다. 그것들은 후안의 목을 조르고, 후안에게 코를 풀었습니다. 후안은 그 아이의 손가락을 놓고 그가 할 수 있는 한 가장 빠른 속도로 달려 공동묘지에서 도망쳤습니다. 그날 이후로 후안은 더욱 겁쟁이가 되었습니다.

결말은 반전이다. 무덤까지 파헤치고 관 뚜껑을 열었지만, "거대하고 몸에 털이 잔뜩 난 검은 생명체"가 후안의 목을 조르고 코를 풀어서 후안은 도망치고, 결과는 실패로 끝난다. 그림책의 그림은 시종 어두운 색과 어두운 분위기에, 캐릭터들은 일그러진 모습으로 그려져 있다. 심지어 아름답다는 여주인공 멜링조차도 거의 귀신같은 모습이다. 기괴한 유령과 생물들이 날아다니는 그림을 보면서 주인공이 공동묘지를 파헤쳐 죽은 아이의 손가락을 깨무는 모습을 상상한다면, 아이들이 이 책을 읽고 용감함의 미덕을 배운다는 기대는 거의 할 수 없을 것 같다. 후안이라는 주인공은 성장에 실패한 캐릭터 같지만, '웃음'을 유발하기 위한 해학적 캐릭터로 보는 것이 더 타당할 것이다.

필리핀 국민동화 바상 할머니 이야기

2) 주보담: 마법을 통한 문제 해결

주보담은 어린 소년과 가난한 청년 주인공 등이 주술력이 있는 도구나 보물을 얻어 공적을 이루고 보상받는다는 이야기로, 해당 작품으로는 〈페리킹의 피리〉, 〈열두 명의 쾌활한 공주〉, 〈마법의 바이올린〉이 있다. 이 유형에서 주목되는 인물은 고아 페리킹, 청년 실비오 등이다.

〈페리킹의 피리〉는 고아 페리킹이 어떤 노인에게 얻은 마법 피리 등을 사용하여 사람들을 도와주고 고귀한 여인과 결혼한다는 이야기이다. 고아 3형제의 막내인 페리킹은 파식강가에서 놀다가 은빛 농어를 낚는데, 두 형들은 동생이 낚은 농어에게서 돈이 나오는 빨간 가방과 사람을 태우고 하늘을 나는 마법 손수건을 얻는다. 형들은 판가시난 주지사의 딸 마가키라와 결혼하겠다며, 막내를 두고 판가시난으로 여행을 떠난다.

홀로 남겨진 페리킹은 잉콩 후세 할아버지를 만나 마법 모자, 하얀 담요, 마법 피리를 얻는다. 형들이 감옥에 갇혀 있다는 소식을 들은 페리킹은 노인의 마법 지팡이를 타고 판가시난으로 날아간다. 페리킹은 마법 모자와 마법 피리로 주지사를 굴복시킨 뒤, 형들과 다른 사람들을 구하고 주지사의 딸과 성대한 결혼식을 올린다.

이 작품에서 '마법'은 문제 해결의 중요한 방법으로 쓰인다. 페리킹이 얻은 모자, 하얀 담요, 피리는 천하무적의 마법 도구다. 페리킹은 어린아이지만 '선하고 용감한 품성'을 지녔다. 작가는 선하고 용감한 아이는 하늘이 돕는다는 교훈을 전달하면서 신나고 재미있는 이야기를 만들었다.

〈열두 명의 쾌활한 공주〉는 실비오라는 청년이 자신이 지키던 공주와 결혼하는 이야기다. 이 이야기도 실비오의 용감한 행위가 첫째 공주의 마음을 움직여서 결혼할 수 있었음을 보여 준다.

왕은 열두 공주들에게 왕족과 결혼해야 한다고 말하는데, 그것에 불만을 품은 공주들은 밤마다 어디론가 사라졌다 새벽이 되어서야 돌아온다. 아무도 공주들이 어디로 가는지 모르고, 왕은 목숨을 걸고 공주들을 지킬 사람을 구한다. 실비오는 평민으로 공주와 결혼하고 싶다는 꿈을 갖고 공주들을 지키기 위해 적극적으로 행동했고, 혹시 실패해서 죽게 되더라도 이를 두려워하지 않았다. 열두 공주는 밤마다 비밀스럽게 지하통로를 통해 성 밖으로 나가 정체를 알 수 없는 11명의 남자와 춤을 추고 돌아왔던 것이다. 실비오는 자기가 목격한 것을 왕에게 보고하고 임무를 완수한다. 이것은 여행 중 만난 노파에게서 얻은 조언과 몸을 감추는 투명 망토가 있어서 가능했다.

실비오는 어린이들에게 용기와 적극적인 행동, 지혜 있는 어른의 조언과 도움을 받아들이는 품성을 강조한 캐릭터이다. 열두 공주의 아버지인 왕은 딸들이 왕자들과만 결혼할 수 있다고 하였으나, 실비오가 용감하고 책임감 있는 청년이라는 것을 알고 실비오와 자신의 장녀와의 결혼을 용인하였다.

〈마법의 바이올린〉은 젊은 하인이 늙은 여주인에게 친절한 행위를 하자, 그 여주인이 바이올린을 주었는데, 그것은 마법의 바이올린

필리핀 국민동화 바샹 할머니 이야기

이었다는 이야기이다. 하인은 그 바이올린을 연주하여 부자가 된다. 작가는 마법 바이올린의 신비한 능력을 보여 주고, 이를 통해 '선행'과 '친절'을 강조하였다.

3) 기원담: 필리핀의 문화표상 보여 주기

기원담은 자연이나 인물, 생물 등의 기원을 신이한 힘이나 신이한 존재와 연관하여 설명한 이야기이다. 〈마리아 시누콴의 사랑〉, 〈모기의 전설〉, 〈마리아 세 자매의 남동생〉은 각각 시누콴산과 바나하우산의 전설, 모기에 관한 전설, 필리핀의 전설적 인물에 관한 전설을 전해 준다.

〈마리아 세 자매의 남동생〉의 주인공은 산기슭에 사는 테옹과 고야 부부, 그들의 세 딸 마리아 우펭, 마리아 롤렝, 마리아 트리닝이다. 그리고 신이한 동물로 거대한 뱀, 사자왕, 상어왕, 독수리왕이 등장한다.

옛날에, 산기슭에 테옹과 고야 부부가 살고 있었는데, 테옹은 콜레스멜로코 나무의 잎으로 사람들을 치료하며 살았다. 나뭇잎이 많이 필요했던 테옹은 나무를 베어 나뭇잎을 모두 따 내어 팔았는데, 어느 날 나무에 살던 거대한 뱀이 테옹을 위협하고, 테옹이 너무 욕심이 많았다며 그 대가로 그의 세 딸을 데려가겠다고 한다.

우펭, 롤렝, 트리닝은 뱀을 따라가고, 뱀은 그녀들이 장차 세 왕의 신부가 되어 행복하게 살 것이라고 하며 금덩어리 다섯 개를 주고는 사라진다. 1년 뒤 고야는 남자아이를 낳아 페드로라고 이름 짓는다.

성장한 페드로는 어머니의 슬픔을 덜어 주기 위해 누이들을 찾으러 떠나고, 어머니에게서 받은 금덩어리 다섯 개로 투명 모자, 어떤 문이든 열 수 있는 강철 열쇠, 어디든 데려다주는 신발을 산다.

페드로는 마법 신발을 신고 첫 번째로 바다왕의 궁전으로 가 우라노왕과 왕비가 된 누이 마리아 트리닝을 만나고, 누이가 부모님께 드리는 큰 진주를 받는다. 페드로는 두 번째로 독수리의 왕 란게이왕을 찾아가 인사드리고, 왕비가 된 누이 마리아 롤렝과 만난다. 세 번째로는 아프리카로 가서 사자의 왕 아라우왕과 누이인 마리아 우펭 왕비를 만난다.

페드로가 고향으로 돌아가 그가 모험한 것과 누이들 만난 일을 이야기하고 있는데, 우라노왕과 마리아 트리닝 왕비를 태운 고래와, 랑게이왕과 마리아 롤렝 왕비를 태운 거대한 새, 아라우왕과 마리아 우펭 왕비를 태운 거대한 두 마리의 사자가 그의 집에 도착하고, 온 가족이 해후한다. 뱀을 따라 떠났던 세 딸이 신비한 왕들의 왕비가 되어 고래와 거대한 독수리, 사자를 타고 고향을 방문하는 장면은 이 작품의 압권이다. 이 장면에서 독자들은 고대 필리핀의 신성한 세계를 체험하게 된다.

이 이야기는 필리핀의 오래된 신화를 각색한 것으로 보인다. 세 마리아 자매가 뱀에게 납치된 것은 비극적인 일 같지만, 신비한 왕들과 결혼한 것이기에 신성한 사건이다. 페드로의 하늘 왕국·땅 왕국·바다 왕국 방문, 세 왕들의 테웅 집 방문은 신성한 왕국이 실재함을 증명하는 사건이다.

〈마리아 시누콴의 사랑〉은 바나하우란 남자 주인공이 여신 마리아 시누콴 공주와 사랑에 빠져 어려움을 이겨 내고 공주와 결혼한다는 이야기이다. 〈마리아 시누콴의 사랑〉의 주인공은 메이욘, 크리스토발, 바나하우 삼형제, 마리아 시누콴, 고난의 왕국을 다스리는 카발로왕 등이다. 이 이야기는 길고 복잡하다. 간략히 내용을 요약하면 다음과 같다.

어느 날, 메이욘, 크리스토발, 바나하우 삼형제는 마리아 시누콴이라는 아름다운 마녀의 집이 있다고 믿고, 산의 좁은 계곡으로 내려간다. 도중에 메이욘과 크리스토발은 포기하고, 바나하우 혼자 계곡 밑에까지 내려간다. 그곳에서 마리아 시누콴과 황금 궁전을 발견하지만, 바나하우는 홀로 남겨진다. 바나하우는 고난의 왕국을 찾기 위해 여행을 떠난다. 어렵게 고난의 왕국에 도착한 바나하우는 자신을 리와이와이라고 소개한 공주와 친구가 된다. 훗날 바나하우는 그 공주가 마리아 시누콴이라는 것을 알고 카발로왕에게 공주와 결혼하게 해 달라고 요청한다. 왕은 바나하우에게 세 가지의 시험을 낸다. 첫 번째 시험은 오늘 쌀알을 뿌려서 내일 수확하고, 수확한 쌀을 튀겨 왕의 아침식사를 만드는 것이다. 바나하우는 공주의 도움으로 시험을 통과한다. 두 번째 시험은 녹두콩을 넓은 모래밭에서 골라내는 것이다. 이일도 바나하우는 리와이와이 공주와 함께 수행한다. 세 번째 시험은 왕이 강에 빠뜨린 반지를 찾아내는 것이다. 공주는 물고기로 변해 반지를 찾아온다. 하지만 왕은 공주가 이 일을 도와주었다며 군인들을 데리고 바나하우를 추격해 온다. 공주는 추격해 오는 왕과 군인들을 향해 손수건을 던져 대나무 숲을 만들어 그들을 막고, 또 목걸이를 공중으로 던져 일곱 개의 산을 만드니, 더 이상 쫓아오지 못하였다. 왕의 용서를 받은 바나하우는 공주와 함께 집으로 인사하러 온다. '가족 앞에서 눈물을 흘리면 안 된다'는 금기를 어긴 바나하우는 공주와 만날 수 없게 되지만, 공주는 다시 마리아 시누콴이 되어 두 사람은 마차를 타고 산으로 여행을 간다. 그 뒤로 두 사람을 다시 본 사람은 없었다. 사람들은 그들이 시누콴과 바나하우 두 산이 되었다고 믿었다.

이 이야기의 원작은 《리와이와이》에 1930년 5월 2일부터 5월 30일까지 다섯 회에 걸쳐 연재되었다. 단행본으로 출간된 이야기를 보아도 매우 긴 이야기인데, 그림책은 매우 간략하게 이야기를 축약하였다. 이 이야기는 현 마닐라 시에 있는 시누콴산과 바나하우산 전설을 동화로 스토리텔링한 것이다. 마리아 시누콴은 리와이와이 공주라고도 하는, 고난의 왕국 카발로왕의 딸이니 신적 존재다. 바나하우란 소년이 마리아 시누콴을 연모하자, 그녀는 바나하우를 도와 부친이 낸 시험을 통과하도록 도와준다. 이 이야기는 바나하우의 성장담이자, 리와이와이 공주의 성장담이기도 하다. 리와이와이 공주는 금기 화소, 애정장애 화소, 과제 수행 화소를 통해 아버지로부터 독립하고 새로운 세계로 바나하우를 초대하여 자신의 사랑을 완성한다. 마침내 바나하우는 마리아 시누콴의 세계, 산으로 떠나 행복하게 살았다는 것으로 이야기는 끝이 난다.

〈모기의 전설〉은 인간을 괴롭히던 거대한 거인 라목을 죽여 없애자 거인이 모기가 되어 인간을 괴롭히게 되었다는 전설을 이야기하였다.

4) 변신담: 변신을 통한 스토리 반전

변신담은 변신·환생·둔갑과 같은, 주인공들의 신체 변형담을 주요 제재로 한 이야기이다. '변신'은 갈등 해결이나 서사 반전에 주요 역할을 한다. 해당 작품으로 〈마법에 걸린 꼽추〉, 〈원숭이 왕자〉, 〈난쟁이의 성〉 등이 있다.

〈마법에 걸린 꼽추〉의 주인공은 엔리코왕, 루신다 공주, 마법에 걸린 꼽추, 여주인공 펠리이다. 엔리코 1세가 중병에 걸리자 루신다 공주는 아버지의 병을 고쳐 주는 사람에게 보물과 자신과의 결혼을 약속했다. 3개월 동안 많은 사람이 치료하러 왔지만, 실패하고 죽음을 당했다. 마법에 걸린 꼽추가 여행을 하다가 소문을 듣고 왕을 치료하러 왔다. 꼽추는 아가씨들에게 자신에게 키스해 주면 보석 메달과 엄청난 돈을 주겠다고 했지만, 아무도 부탁을 들어주지 않았다. 꼽추는 흑소 세 마리를 잡아 소의 배를 갈라 가죽 안에 왕을 넣고 치료해 완치시켰다. 하지만 공주는 추한 외모 때문에 꼽추에게 결혼은커녕 키스도 해 주지 않는다. 분노하고 슬퍼하는 꼽추에게 펠리라는 가난한 아가씨가 키스하였다.

여인의 키스를 받은 꼽추는 잘생긴 남자로 변신하고 자신이 조지 왕자라고 하였다. 뒤에 조지 왕자는 펠리와 결혼식을 올린다. 그 뒤로 펠리가 사실은 버려진 공주라는 출생의 비밀에 관한 에피소드가 이어지면서 화해와 용서라는 주제가 그려진다.

이 이야기는 꼽추와 가난한 아가씨가 왕자요, 공주였다는 이야기를 통해 사람은 외모만 가지고는 판단할 수 없다는 지혜와 함께, 긍휼한 마음과 선행을 통해 성장한다는 교훈을 전하고 있다.

〈원숭이 왕자〉는 원숭이처럼 못생긴 외모를 갖고 태어난 후안이 그리스로 여행을 떠났다가 섬에 갇힌 그리스의 아메리스 공주를 만나 사랑하게 되고, 요단강에 가서 몸을 씻고 멋진 청년으로 변신하여 그리스의 왕으로부터 결혼을 허락받는다는 이야기다.

〈원숭이 왕자〉에서 문제적 상황은 부모가 신에게 기도해서 어렵게 얻은 후안이 너무나 '못생겼다'는 것이었다. 이는 작가 세브리노 레예스의 성향을 보여 주는 것이기도 한데, 그는 주인공들의 '신분의 차이'와 '외모'에 대해 반복적으로 많은 이야기를 쏟아 놓았다. 후안의 부모를 비롯해 이야기 속의 모든 주인공들은 후안의 외모에 대해 무척 민감한 반응을 보였다. 후안에게 '여행'과 '모험'은 인생의 목표를 발견하고 문제를 해결하는 과정이다. 못생겼다는 이유로 고향에서 철저하게 외면당한 후안은 여행 중 그리스의 아메리스 공주를 만나고, 요단강에서 목욕하면서 잘생긴 남자로 변신하는 기적을 체험한다. 아메리스 공주는 처음부터 후안의 외모를 전혀 문제 삼지 않고 그의 내면을 인정해 주었다.

이 이야기에는 또한 '하느님에 대한 신앙'의 중요성이 반복적으로 나타난다. 호텔의 수석 매니저는 후안에게 신앙의 중요성을 정중하게 충고하였고, 후안의 어머니의 정령이 나타나 해결방법을 제시한 것이나, 성모 마리아가 도운 것, 후안이 요단강에서 목욕한 후 멋진 청년으로 변신한 것 등을 통해서 하느님에 대한 신뢰와 의지가 강조된다. 작가는 이런 방식으로 가톨릭 신앙에 의한 성장담을 그렸다.

〈난쟁이의 성〉은 '야니'라는 소녀가 계모 '힘파야'에게 핍박받는다는 계모담에, 재생담과 변신담이 추가된 작품이다. 계모에 의해 살해된 야니는 난쟁이들의 도움을 받아 살아나 요정의 저주에 걸렸던 왕자를 구해 내고 그와 결혼한다. 주요 인물은 홀아비 라드와 그의 딸 야니, 과부 힘파야와 그녀의 딸 로타, 난쟁이, 요정의 여왕, 베니 하마드 왕자 등이다.

옛날 옛적, 라드라는 홀아비가 딸 야니와 살다가 과부 힘파야와 재혼한다. 그녀에게는 로타라는 딸이 있었다. 세월이 흘러 힘파야는 야니를 질투한다. 어느 날 라드와 산책을 갔던 힘파야는 홀로 돌아온다. 라드가 갑자기 사라졌다고 하는데, 사실은 힘파야가 살해한 것이다. 고아가 되어 더욱 구박을 받던 야니는 어느 날 로타와 산책을 나갔다가 절벽에서 밀려 떨어진다.

그런데 야니는 절벽 아래로 떨어졌음에도 상처 하나 입지 않았다. 난쟁이들이 구해 주었던 것이다. 난쟁이의 성에서 야니는 요정의 여

왕이 내려와 크리스털 관에 있는 사람들의 입에 흰 가루를 넣는 것을 본다. 거기에는 야니의 아버지 라드도 있었다. 요정의 여왕은 죽은 사람들에게 마법을 걸어 관리하는 존재다.

야니가 생명의 샘에서 목욕하고 나온 새에게서 물을 얻어 아버지의 몸을 닦자 라드가 깨어난다. 그러자 새는 사람의 말을 하며 야니에게 자신의 꼬리에 있는 긴 깃털을 뽑아 달라고 한다. 야니가 새의 부탁대로 하자, 새는 왕자로 변신하고, 자신은 베니 하마드 왕자이며, 요정의 여왕의 마법에 걸려 새가 되었음을 말하며, 야니에게 청혼한다. 뒤에 야니의 왕궁에 거지 둘이 찾아오는데, 힘파야와 딸 로타였다. 힘파야는 아름다운 왕비가 야니라는 것을 알고 울며 궁전을 빠져나간다.

이야기가 좀 복잡하고 긴데, 계모가 자신의 남편 라드와 전처의 자식 야니를 죽였는데, 죽은 줄 알았던 부녀 라드와 야니가 살아나고, 야니가 왕자와 결혼한다는 줄거리가 핵심이다. 죽은 아버지 라드를 살리기 위해 난쟁이들과 요정의 여왕, 저주에 걸린 새가 필요했고, 야니의 행복한 삶을 시작하기 위해서는 새가 왕자로 변신해야 했다. 야니는 왕자와 결혼해 새로운 삶을 살 수 있었고, 계모 힘파야와 로타는 거지가 되어 왕궁에 구걸 왔다가 왕비가 된 야니를 보고 눈물을 흘리며 도망간다. 초인적 존재들의 활약과 변신 화소를 통해 야니는 문제를 해결하고 상처를 치유받는다.

5) 운명담: 인생의 비밀스러운 이야기

〈코가 긴 왕자〉의 주인공은 거인의 저주에 걸렸던 공주, 그녀를 사랑한 이웃 나라의 왕, 못된 거인, 그리고 두 사람이 낳은 왕자, 그 왕자를 사랑한 이웃 나라의 공주 등이다. 주인공이 모두 왕과 왕비, 왕자, 공주인데, 이름은 없다. 주요 서사는 다음과 같다.

옛날에 어느 왕국의 왕이 이웃 나라의 공주를 사랑했지만, 공주는 항상 왕의 청혼을 거절했다. 왕이 어느 현자에게 물어보니, 이는 공주가 거인의 저주에 걸렸기 때문이라며 공주가 기르는 하얀 고양이의 꼬리를 밟으라고 하였다. 왕이 그렇게 하자 고양이는 못생긴 거인의 모습으로 돌아와 공주의 아들은 고양이의 꼬리처럼 긴 코를 가지게 될 것이라고 저주하고 사라졌다.

왕과 공주는 결혼을 하여 행복하게 살았고, 왕자를 낳았는데, 왕자의 코가 고양이 꼬리만큼 길었다. 왕과 왕비는 궁전 안에서만 왕자를 키우며 그의 코가 비정상이라는 사실을 숨겼지만, 왕자가 성인이 되어 성 밖으로 나가자 사람들로부터 놀림을 받게 된다. 이때 어떤 공주가 "코가 좀 길다고 해서 그 마음이 착하지 않다는 것은 아니에요"라며 왕자를 변호해 준다. 사람들이 계속 왕자를 비웃자, 공주는 안쓰러운 마음이 들어 왕자의 긴 코를 한번 잡아당겨 보았는데, 긴 코가 떨어져 나가고 왕자는 평범한 모습으로 돌아온다. 두 사람은 결혼을 하고 모든 사람이 축제를 열어 축하하였다.

이 이야기는 '거인의 저주'로 인해 공주가 괴롭힘을 당하고, 공주가 낳은 아들이 다시 거인에게 저주받는 운명을 그렸다. 왕자의 긴 코를 보고 다른 모든 사람은 비웃었지만, 오직 마음씨 착한 이웃 나라의 공주는 이를 불쌍히 여겨 주었고, 이것이 거인의 저주를 푸는 열쇠가 되었다.

이상에서 고찰한 것처럼, 신이담은 초월적인 인물을 주인공, 또는 구원자 및 조력자로 설정하고, 변신 화소와 신이한 주보를 설정하는 등의 방식으로 민담적 상상력을 마음껏 발휘하며 동화의 흥미를 돋운다. 그리고 한편으론 용기, 여행, 모험, 독립적인 삶의 태도, 성장과 결실이란 키워드를 중심으로 교훈적 의미를 드러낸다.

※

4. '지혜'와 '웃음'이 주는 교훈, 소담

소담으로는 〈왕을 물리친 하녀〉, 〈일곱 얼간이〉 두 편이 있다. 〈왕을 물리친 하녀〉는 힘이 약한 자가 권력자의 음모를 지혜를 통해 물리치는 지략담이며, 〈일곱 얼간이〉는 어리석은 인생의 정체를 폭로함으로써 웃음을 유발하는 바보담이다.

〈왕을 물리친 하녀〉는 시종의 딸 샤레이가 지혜를 발휘하여 왕이 내는 어려운 문제를 해결한다는 내용으로, 샤레이, 톤도왕과 그의 아들 피도 왕자가 주인공이다.

샤레이는 톤도왕의 시종 타산의 딸이다. 아름답고 똑똑한 여인으로 왕자와 사랑에 빠진다. 톤도왕은 톤도 왕국의 왕이며 피도 왕자의 아버지이다. 아들 피도 왕자가 샤레이를 사랑하자, 왕족이 아니라는 이유로 결혼을 반대한다. 왕은 해결할 수 없는 문제를 세 번이나 내 샤레이의 지혜를 시험하지만, 결국 샤레이의 지혜를 인정하고 결혼을 허락한다. 피도 왕자는 톤도 왕국의 왕자다. 왕자는 시종 타산의 딸 샤레이가 아름답고 똑똑하다는 것을 알고 그녀를 사랑한다. 샤레이가 부왕의 문제를 모두 해결하자 샤레이와 결혼한다.

중세 사회에서 신분이 다른 남녀가 신분 차이를 극복하고 결혼하는 것은 거의 불가능한 일이었다. 그래서 평민이 왕자 또는 공주와 결혼한다는 서사는 판타지에 가까운 것이다. '바상 할머니 이야기'에서 평민 남성이 공주와 결혼하는 것보다 평민 여성이 왕자와 결혼하는 것은 훨씬 더 어려운 일로 그려진다. '지혜'를 발휘해 왕의 시험문제를 해결하고 왕자와의 결혼을 성취하는 샤레이 캐릭터는, '여행'을 통해 독립된 성인으로 성장하고 마법 도구를 얻어 목표를 쟁취하는 남성 캐릭터와 비견될 만한 것이었다.

〈일곱 얼간이〉는 전형적인 바보담으로, 옛날 루손섬 카가얀주에 있는 한 마을에 살았다는 일곱 명의 바보 이야기다. 이야기는 두 가지 에피소드로 이뤄져 있는데, 강으로 목욕을 갔다가 자신은 빼고 사람 수를 세는 일화, 어떤 노인 부부가 일곱 바보들에게 집안일을 시켰다

가 일은커녕 사람 잡을 뻔한 일화가 그것이다. 이 이야기는 전형적인
바보 이야기인데, 구체적인 묘사가 가미되어 재미를 더한다. 바보를
희화함으로써 악의 없는 웃음을 유발한다.

필리핀의 바보담 『게으른 후안』

바보담은 필리핀인들이 즐겨 읽던 옛이야기 및 동화 유형으로,
1919년 이름을 알 수 없는 작가에 의해 출판되면서 알려진 『게으른 후
안(Juan Tamad)』은 바보담의 대표 작품이다. 이 작품은 게으르고 어리석
은 소년 후안이 실패하는 내용을 그린 연작 동화이다.

어느 날 후안 타마드('게으른 후안'이라는 뜻)는 구아바 열매가 잘 익은
나무를 발견하지만, 너무 게을러 나무에 올라가 열매를 따는 일 따윈
하지 않는다. 대신 그는 나무 밑에 누워 구아바 열매가 떨어질 때까지
기다렸다(〈후안 타마드와 구아바 열매〉).

후안 타마드의 어머니는 쌀떡을 만들어 아들에게 시장에 가 팔고
오라고 한다. 후안은 연못을 지나면서 개구리들이 수영하는 모습을 본
다. 후안은 시장에 가서 떡을 팔기에는 너무 게을러서 개구리에게 떡
을 던져 준다. 집에 돌아온 후안은 떡을 모두 외상으로 팔았다며 손님
들이 다음 주에 돈을 낼 것이라고 한다(〈후안 타마드와 쌀떡〉).

후안 타마드의 어머니는 후안에게 말을 적게 하는 여인을 신붓감
으로 구해 오라고 말한다. 후안은 열심히 찾아보았지만, 만나는 여성
마다 모두 너무 말이 많았다. 후안은 노인과 딸이 살고 있는 집에서 말
을 적게 하는 소녀를 만나 어머니에게 데려가지만, 어머니는 시체를
데려왔다며 후안을 내쫓는다(〈후안 타마드가 신부를 구하다〉).

***

5. 인생교훈의 깨달음, 일반담

　일반담으로는 〈비겁한 왕자〉, 〈술탄 사이프〉, 〈신비한 장미〉 세 편이 있는데, 하위 유형으로는 모두 교훈담에 해당된다.

　〈비겁한 왕자〉는 카세레스 왕국 레온왕의 아들 마르코 왕자가 겁쟁이여서 생겼던 치명적 사건을 이야기한 것이다. 레온왕은 아주 용감한 왕이어서 나라를 잘 다스렸는데, 어느 날 병이 들면서 마르코 왕자에게 자국에 쳐들어온 구르카 군대를 막도록 한다. 하지만 왕자는 어디론가 사라지고, 왕국은 적들에게 정복되었다.

　마르코는 아무도 자기를 몰라보는 어느 왕국으로 도망갔다가, 거기서 마리아 공주와 사랑에 빠져 결혼을 했다. 어느 날, 구르카 군대가 그 왕국을 또 침략했을 때 왕은 마르코 왕자에게 자기 대신 군대를 이끌라고 하는데, 왕자는 마리아 공주에게 자신의 비밀을 털어놓는다. 공주는 왕자를 와인 창고에 숨기고 왕자의 갑옷을 입고 나가 싸워 승리한다. 하지만 곧바로 적들이 다시 쳐들어오자 패배하고 공주는 포로가 된다. 도망갔던 왕자는 "나는 죽는 한이 있더라도 내 아내를 위해 싸우겠어"라며 결심하고, 군대를 이끌고 가서 구르카 군대를 몰아내고 왕과 마리아 공주를 구출한다. 그리고 이어서 카세레스 왕국도 되찾는다. 왕자는 공주에게 "당신의 사랑이 나를 용감하게 만들었어요"라고 고백하며 용서를 빈다.

이야기의 화자 바샹 할머니는 마르코 왕자의 천성이 겁 많고 소심하였음을 이야기한다. 하지만 자신의 지위를 감당하지 못하고 도망친 왕자가 자신 때문에 공주가 적들의 포로가 되었을 때, 그녀의 사랑을 기억하며 용감하게 싸우게 되었다는 이야기를 전한다. 사랑하면 용감해지고, 전쟁도 이길 수 있다는 믿음을 그린 이 이야기는 청자들에게 비겁한 행동이 얼마나 치명적인지, 그리고 용감한 행위가 얼마나 아름다운지를 전한다.

〈술탄 사이프〉는 거지로 변장한 술탄이 여행 중에 양치기 부부 세인과 센카로부터 정성 어린 식사 대접을 받고 그들에게 상을 준다는 내용의 이야기다. 이 이야기의 주인공은 술탄 사이프, 시종, 루어 수상, 가난한 양치기인 세인과 센카 부부 등이다. 술탄 사이프는 어느날, 자기 성이 불타는 꿈을 꾼 뒤 불길한 생각에서 꿈을 해몽한다. 그리고 루어 수상과 "선행은 오직 부자만이 할 수 있다. 가난한 사람은 자선을 할 수 없다"는 말에 대해 토론한 뒤, 거지로 변장하여 민심을 살펴보려 한다. 거지로 변장한 술탄과 시종은 가난한 양치기 세인과 센카 부부의 집을 방문하였다가 거기서 정성 어린 식사 대접을 받고 감동한다. 루어 수상의 저택에 들렀던 술탄과 시종은 거지라는 이유로 채찍을 맞고 반역의 낌새를 알아차린다. 술탄은 다음 날 루어 수상의 목을 베고, 양치기 부부에게 선행에 대한 상으로 루어 수상의 모든 재산을 주도록 한다.

이 이야기는 술탄이 주인공이지만, 결국 가난한 양치기 부부의 선행과 정성을 다한 손님 대접을 부각시키며, 선행은 보상받는다는 교훈을 제공한다.

〈신비한 장미〉는 필리핀 불라칸 마을에 사는 '마그다'라는 할머니가 일생 쌀을 팔아 부자가 되었는데 병이 들어 곧 죽을 것 같자 신부에게 고해성사를 하는 내용으로 시작된다. 신부에게는 '신비한 장미'가 있었는데, 신도가 고해성사를 해서 하느님이 죄를 용서하시면 시든 장미가 활짝 피어난다고 하는 장미였다. 마그다는 몇 번이나 신부에게 고해성사했지만 장미는 피어나지 않았다. 결국 마그다는 자신이 남을 속여서 모은 재산이 문제인 것을 알고, 비단을 사서 매일 불을 붙였는데도 장미는 피지 않았다. 결국 모든 재산을 다 잃은 할머니가 눈물을 흘리자 장미가 피어났다. 신부는 그때서야 할머니의 죄를 하느님이 용서하였다고 하였다. 다행스럽게도 마그다는 병이 나아 몇 년 더 살게 되었지만, 남은 재산이 아무것도 없어 마을 사람들의 도움을 받아 살게 되었다. 아동들이 이러한 결말을 해피엔딩으로 여길지, 새드엔딩으로 여길지 잘 모르겠다. 〈신비한 장미〉는 가톨릭 신부가 가진 '신비한 장미'를 매개로 '불의한 방법으로 돈을 벌면 죄를 용서받을 수 없다'는 교훈을 전한다.

세 편의 교훈담은 왕자와 공주의 사랑 이야기, 술탄이 만난 양치기 부부 이야기, 부정한 방법으로 돈을 모은 할머니의 고해성사 이야기를 통해 '사랑과 용감한 태도', '선행과 손님 대접', '정직한 삶의 자세'

라는 가치를 전달한다.

1960~1970년대에는 필리핀 사람이면 누구나 '바샹 할머니 이야기'를 알고 즐겼다고 한다. 그러나 2010년대에 들어서 대부분의 청소년들은 '바샹 할머니 이야기'를 잘 알지 못한다고 한다. '바샹 할머니 이야기'가 400종이니, 500종이니 하는 것은 독자들에게 별로 중요한 뉴스가 아니다. 숫자가 많다는 것보다는, 소수의 작품이라도 독자들이 분명하게 독서하고 작품을 떠올리는 게 중요하기 때문이다. 그런 점에서 2000년대 앤빌 출판사의 그림책 시리즈 출간작업은 초등학생 및 학부모 독자들에게 '바샹 할머니 이야기'의 재미와 교훈적 가치를 각인시키는 데 긍정적 역할을 한 것으로 평가된다.

6장

'바샹 할머니 이야기'의
영상 · 공연콘텐츠

앤빌 출판사가 2004년부터 바샹 할머니 이야기 그림책 시리즈를 펴내면서 '바샹 할머니 이야기'는 초등학생 및 학부모들 사이에서 빠르게 인지도를 높여 나간 것으로 파악된다. 그것이 바탕이 되어 2007년에는 마닐라 지역 방송국에서 바샹 할머니 이야기를 제재로 한 TV 쇼를 제작하였고, 2008년부터는 바샹 할머니 이야기를 제재로 한 발레가 매년 제작·공연되고 있다. 앤빌 출판사에서는 2009년 초·중등 교육 현장에서 학생들이 연극으로 공연할 수 있도록 희곡으로 각색한 바샹 할머니 이야기를 출판하였다. 필리핀에서 바샹 할머니 이야기가 국민동화로 인식되는 과정에는 역으로 이러한 근대 문학유산이 각종 매체의 문화콘텐츠로 활발하게 활용되었던 점을 빼놓을 수 없을 것이다. 이 장에서는 '바샹 할머니 이야기'가 영화, TV 등의 영상매체와 연극, 발레 등의 공연콘텐츠로 제작된 사례에 대해 살펴볼 것이다.

☀

1. 영화 〈바샹 할머니 이야기: 좀비〉

'바샹 할머니 이야기'는 1970년대부터 영화로 몇 차례 제작되었다. 나는 2017년 7월 말, 1985년에 제작된 〈바샹 할머니 이야기: 좀비〉를 인터넷에서 찾아 필리핀 학생들과 함께 보면서 그들로부터 영화의 내용과 분위기에 대해 설명을 들었다. 내가 요약한 영화 내용은 다음과 같다.

　바샹 할머니가 등장하니 아이들이 이야기를 해 달라고 조른다. 할머니가 이야기를 시작하니, 장면이 바뀌며 액자 형식으로 "좀비" 편이 시작된다. 아이 세 명이 주인공인데, 이들이 어디론가 가다가 잡목과 풀이 우거진 들판에서 길을 잃는다. 차가 나타나 길을 물어보려고 했지만, 곧바로 사라진다. 다시 차가 나타났다 사라지고, 이윽고 해가 진다. 비가 오자 아이들은 큰 집을 발견하고 다가가는데, 집 안에서 이상한 남자가 보이는 듯하며 공포스러운 분위기가 펼쳐진다. 아이들이 집안으로 들어갔는데, 집주인으로 보이는 사람들은 기괴한 옷을 입고, 그로테스크한 표정을 하고 있다. 스프를 먹는데, 접시에서 손톱과 눈알 등 사람의 몸뚱이 일부분이 보여 아이들은 기겁을 한다.

　아이들이 침대에 누웠는데, 밖에는 천둥이 치고 한 여자애는 밖에서 아기 우는 소리를 들었다고 하는데, 다른 여자애는 모르겠다고 하여 그녀는 밖으로 아기를 찾으러 나간다. 우는 아기는 차낙(Tiyanak)이라고 하는 아기괴물인데, 주인공이 아기를 찾아 젖병을 물리려고 하는데, 아기가 괴물로 바뀌면서 깜짝 놀라는 분위기로 바뀐다. 이 집의 주인들이 좀비란 것을 알게 된 아이들은 도망을 친다.

　이 영화는 이전에 한국의 TV 코미디 프로그램에서 방송된 '귀곡산장'의 한 장면 같은 으스스한 분위기가 느껴진다. 좀비가 등장하지만 코믹한 분위기에서 진행되어서 무서우면서도 코믹한 상황이 연출된다. 사실 이 영화는 세브리노 레예스의 '바샹 할머니 이야기' 원작과는 거리가 있는 것으로 보인다. 학생들은 필리핀 사람들이 워낙 코미디와 공포물을 좋아하기 때문에 '바샹 할머니 이야기'의 유령 캐릭터와 분위기를 따와서 제작자들이 각색한 것으로 보인다고 하였다.

2. 〈바샹 할머니 이야기 TV Show〉

바샹 할머니 이야기는 라디오 프로그램으로도 인기를 끌었다. 지금 60대인 UP 영문과의 토페 교수는 1960~1970년대에 라디오 드라마로 바샹 할머니 이야기를 많이 들었다고 기억을 떠올렸다. 근래에는 마닐라의 지역방송국 GMA7에서 바샹 할머니 이야기를 어린이들을 대상으로 한 TV 쇼 프로그램 형태로 제작해 2007년 2월 4일부터 5월 6일까지 방영하였다. GMA7 방송국에서는 〈마법에 걸린 꼽추〉를 시작으로 〈원숭이 왕자〉, 〈난쟁이의 처벌〉, 〈왕을 물리친 하녀〉, 〈코가 긴 왕자〉 등 열두 편의 작품을 일주일에 한 편씩 12주에 걸쳐 방송하였다.

다음의 작품 목록들은 앤빌 출판사에서 펴낸 바샹 할머니 이야기 그림책 시리즈의 목록과 거의 일치한다. '시즌 1'이 성공적으로 진행되는 것을 확인한 제작진은 곧바로 '시즌 2'를 기획해, '시즌 1'이 종영된 바로 다음 주인 2007년 5월 13일부터 8월 12일까지 13주간 방영하였다. 방송된 작품 목록은 다음과 같다.[24]

〈바샹 할머니 이야기 TV Show〉의 시즌 1 에피소드 목록

방송일	한국어 제목	타갈로그어 제목	영어 제목
2007. 2. 4.	마법에 걸린 꼽추	Ang Mahiwagang Kuba	The enchanted hunchback
2007. 2. 11.	원숭이 왕자	Ang Prinsipeng Unggoy	The monkey prince
2007. 2. 18.	난쟁이의 처벌	Ang Parusa ng Duwende	The dwarf's punishment
2007. 2. 25.	왕을 물리친 하녀	Ang Binibinig Tumalo sa Hari	The lady who defeated the king
2007. 3. 4.	마법의 바이올린	Ang Mahiwagang Biyulin	The enchanted violin
2007. 3. 18.	코가 긴 왕자	Ang Prinsipeng Mahaba ang Ilong	The prince with the long nose
2007. 3. 18.	거인의 저주 (모기의 전설)	Ang Sumpa ng Higanteng si Amok	The curse of amok the giant
2007. 3. 25.	여덟 명의 장님	Ang Walong Bulag	The eight blind (men)
2007. 4. 1.	겁 많은 왕자	Ang Prinsipeng Duwag	The coward prince
2007. 4. 15.	아콩 에키트 (엉터리 점쟁이)	Akong Ikit	Akong Ikit
2007. 4. 22.	마리아와 게	Maria Alimango	Maria Alimango
2007. 5. 6.	새들의 왕자	Ang Prinsipeng mga Ibon	The prince of the birds

〈바상 할머니 이야기 TV Show〉의 시즌 2 에피소드 목록

방송일	한국어 제목	타갈로그어 제목	영어 제목
2007. 5. 13.	겁 없는 페드로	Si Pedrong walang Takot	Fearless Pedro
2007. 5. 20.	잘생긴 재단사	Guwapong Satre	The handsome tailer
2007. 5. 27.	난쟁이의 성	Ang Palasyo ng Mga Duwende	The palace of the dwarfs
2007. 6. 3.	마리아 세 자매의 남동생	Ang Kapatid ng Tatlong Marya	The brother of the three Marias
2007. 6. 10.	페드로 신부의 해골 군대	Ang Hukbo ni Pari Pedro	The army of priest pedro
2007. 6. 17.	페리킹의 피리	Ang Plautin ni Periking	The flute of Peliking
2007. 6. 24.	신비한 부적	Anting–anting	The amulet
2007. 7. 8.	마법의 스카프	Ang Mahiwagang Balabal	The enchanted scarf
2007. 7. 15.	킹와강의 용	Ang Dragon sa Ilog ng Kingwa	The dragon in the Kingwa River
2007. 7. 22.	판다코통	Pandakotyong	Pandakotyong
2007. 7. 29.	강철로 된 성	Ang Kastilyong Bakal	The metal castle
2007. 8. 5.	대머리 공주	Prinsesang Kalbo	The bald princess
2007. 8. 12.	일곱 얼간이	Pitong Hilo	The seven idiots

시즌 2의 에피소드에는 타하난 출판물(1997, 2005, 2012) 수록 작품과 그 이전 출판물(1962, 1975) 수록 작품이 포함되었다. 〈강철로 된 성〉, 〈마법의 스카프〉는 《리와이와이》에 수록된 366종 목록에도 포함되지 않은 작품이다. TV 쇼의 형식과 내용은 알 수 없지만, 그림책 시리즈의 영향력이 상상 외로 컸음을 알 수 있다.

3. '바샹 할머니 이야기'의 발레 공연

'바샹 할머니 이야기'는 2008년부터 매년 세 편씩 발레 레퍼토리로 제작되어 공연되기 시작하였다.

공연은 코믹하거나, 장엄하고 화려한 분위기에서 진행되었다. 마닐라 발레단(Ballet Manila)은 2008년을 시작으로 10여 년째, 매년 '바샹 할머니 이야기'를 세 편씩 골라 발레 공연을 제작해 선보이고 있다. '바샹 할머니 이야기'의 발레 공연은 앤빌 출판사에서 펴낸 바샹 할머니 이야기 그림책 시리즈가 청소년들에게 인기를 끌면서 기획되었다. 공연은 매년 8월 말부터 9월 초 사이에 진행되며, 화려한 세트를 배경으로 의상, 안무와 음악이 사용되면서 바샹 할머니 이야기는 필리핀 발레에 새로운 레퍼토리를 제공하고 있다. 2015년 발레단의 레퍼토리는 〈새들의 왕자〉, 〈마리아 세 자매의 남동생〉, 〈마법의 바이올린〉이었다. 이 공연을 진행한 마닐라 발레단의 예술감독 리사 마쿠자엘리잘데(Lisa Macuja-Elizalde)는 인터뷰에서, "필리핀 문학에서 가장 사랑받는 인물 중 한 명인 롤라 바샹(바샹 할머니)은 젊은 관중을 사로잡을 수 있는 더 많은 이야기로 사람들을 다시 불러 모을 것입니다"라고 하였고, 마닐라 발레단의 공동 예술감독 오시아스 바호주(Osias Barroso)는 "롤라 바샹은 영원합니다. 나는 이 발레 3부작이 앞으로 10년 동안 공연되더라도 변함없이 인기가 있을 것이라고 믿습니다"라고 말하였다.[25]

2000년대 들어 바샹 할머니 이야기는 그림책, TV 쇼 등의 대중매체는 물론 발레 등의 고급 공연예술의 콘텐츠로 활용되고 있어 그야말로 'OSMU(One Source Multi Use)'의 원천소재로 활용되고 있음을 볼 수 있다.

❋
4. 희곡으로의 각색과 연극콘텐츠

크리스틴 벨렌은 2009년, 청소년들이 바샹 할머니 이야기를 학교 무대에서 공연할 수 있도록 열두 편의 작품을 희곡으로 각색하여 책으로 출간하였다. 벨렌은 서문에서, 희곡으로의 각색 의도를 다음과 같이 말했다.

"세브리노 레예스는 필리핀의 유명한 극작가였습니다. 특히 그는 1925~1942년 《리와이와이》 잡지에 400편이 넘는 '바샹 할머니 이야기'를 실으면서 더욱 유명해졌습니다. 2004년, 앤빌 출판사는 '바샹 할머니 이야기'를 다시 아이들에게 알리고 싶었습니다. 그림책으로 만들어진 아이들의 책은 곧 뮤지컬, 연극에도 적용할 수 있는 영감을 불러일으키기에 충분했습니다 …."

서문에서도 밝혔듯이 크리스틴 벨렌은 필리핀의 근대 문학유산

'바샹 할머니 이야기'를 아동·청소년들이 학교 무대에서 뮤지컬과 연극으로 공연할 수 있도록, 기존에 그림책 시리즈로 발간한 작품들 가운데 열두 작품을 희곡으로 각색하였다. 목록은 다음과 같다.

번호	한국어 제목	타갈로그어 제목
1	거인의 저주(모기의 전설)	Ang Alamat ng Lamok
2	마리아 세 자매의 남동생	Ang Kapatid ng Tatlong Marya
3	마법의 바이올린	Ang Mahiwagang Biyulin
4	난쟁이의 성	Ang Palasyo ng mga Duwende
5	난쟁이의 복수	Ang Parusa ng Duwende
6	일곱 얼간이	Ang Pitong Tanga
7	페리킹의 피리	Ang Plautin ni Perking
8	새들의 왕자	Ang Prinsipe ng mga Ibon
9	술탄 사이프	Ang Sultan Saif
10	신비한 부적	Anting-anting
11	신비한 장미	Rosamistica
12	판다코통	Si Pandakotyong

위 목록은 대부분 신이담(1~5, 7, 8, 10, 12번)으로 구성되었고, 소담(6번)과 일반담(9, 11번)을 합쳐 세 편이 포함되어 있다. 벨렌은 필리핀 신화의 신비하고 장엄한 세계를 보여 주거나(2번), 거인과 난쟁이, 유령 캐릭터 등이 활동하며, 마법 도구·성물(聖物) 등의 초현실적인 방식으로 문제를 해결하는 속성이 강한 작품(1, 3~5, 7~12번)을 연극으로 공연

필리핀 국민동화 바샹 할머니 이야기

할 수 있도록 대본을 만들었다. 청소년들은 이 대본으로 준비한 연극을 무대에 올림으로써 필리핀 신화 및 초현실세계에 대한 상상력을 펼치고, 감정의 카타르시스를 경험할 수 있을 것이다.

아래에 '바샹 할머니 이야기' 가운데 가장 유명하고, 가장 먼저 발표된 〈페리킹의 피리〉를 각색한 내용의 일부를 번역·인용한다. 대사와 지문을 읽으며 교실 무대에 올린 '바샹 할머니 이야기'의 모습을 상상해 보자.

〈페리킹의 피리〉

등장인물: 페리킹, 베르토, 톨로, 마법의 물고기, 잉콩 후세, 군인, 총독.

솜씨가 좋은 젊은이 베르토와 톨로는 커다란 빨간 연을 들고 길을 걷고 있다. 페리킹은 형들의 뒤를 따라간다.

베르토: 너무 실망하지 말자. 비록 부모님이 돌아가셨지만, 우린 살아갈 날이 창창하잖아.

톨로: 형은 어떻게 괜찮을 수가 있어? 부모님은 우리에게 아무것도 남기지 않고 돌아가셨잖아.

페리킹: 형, 우리에겐 일할 곳을 찾을 때까지 지낼 오두막과 정원이 있잖아.

톨로: 어이 꼬맹이, 우린 너한테 말한 게 아냐. 끼어들지 마.

베르토: 톨로, 애는 우리가 물려받은 유산이야! 우리가 돌봐야 할 막내
　라고.

톨로: 난 동생을 키우고 싶진 않아, 형.

베르토: 나도 그렇단다.

톨로: 바람도 거센데 여기서 연이나 날려 보자.

베르토: 그래.

페리킹: 형, 나도 끼워 줘.

두 형들은 페리킹을 무시한다. 페리킹을 피해 멀리 도망가자, 페리
킹은 형들을 뒤쫓아 간다.

베르토: (노래한다)

　높이 나는 연아,

　우리도 저 하늘 위로 데려가 다오.

　아무것도 가진 게 없어

　나는 무척 슬프단다.

톨로: 따라올 수 있으면 따라와 봐라. 우릴 따라와도 끼워 주지 않을
　테니까.

두 형들이 사라지고, 페리킹은 홀로 남겨진다.

페리킹: 불공평해! 난 왜 항상 꼴찌지? 홍, 형들 없이도 잘 놀 수 있다는 걸 보여 주겠어.

페리킹이 대나무 조각을 집어 들고 주머니에서 실을 꺼내 대나무에 묶는다.

페리킹: 아하, 장난감 배다.

페리킹이 장난감 배를 강물에 띄워 노는데, 갑자기 물속으로 배가 쑥 끌려 들어가며 페리킹의 몸이 휘청거린다.

페리킹: 앗! 무슨 일이지? 내 배가 물속으로 끌려 들어가고 있어. 어, 어, 도와주세요!

베르토와 톨로가 이 소리를 듣고 페리킹에게 달려온다.

베르토: 무슨 일이야?
페리킹: 형, 장난감 배가 물속으로 끌려 들어가고 있어. 큰 물고기가 그걸 삼켜 버렸나 봐.
톨로: 임마! 우린 네가 물에 빠진 줄 알았잖아. 그 꼴을 보고 싶었는데, 아쉽네.

페리킹: 형들! 도와줘!

베르토: 도와준다면 넌 우리에게 뭘 줄래?

페리킹: 날 도와준다면 내 장난감 배를 줄게.

톨로: 흥, 그걸 뭐에 쓴단 말이니?

베르토와 톨로가 힘껏 실을 잡아당기는데, 조금 뒤 물속에서 대나무 조각이 입에 걸린 커다란 은빛 농어가 올라온다. 베르토가 물고기를 잡아 올린 뒤 물고기 입에서 대나무 조각을 꺼낸다.

물고기: 전 마법의 물고기입니다. 저를 구해 주셔서 감사합니다. 베르토 씨께 선물을 드릴 테니, 제 입안에서 빨간 가방을 꺼내 보세요.

베르토: 앗, 농어가 말을 하다니, 물고기가 어떻게 내 이름을 알고 있지? 입에 가방이 들어 있다고? (물고기에게 다가가 입에서 작고 빨간 가방을 꺼낸다.) 마법의 물고기야, 이 가방으로 무엇을 할 수 있다는 거니?

물고기: 베르토 씨, 당신이 이 가방에 대고 무엇을 달라고 말하면 가방은 무엇이든 그것을 줄 수 있어요.

베르토: 정말? 그게 정말이야? 좋아, 한번 해 보지. 만약 거짓말이라면 널 기름에다 튀겨 먹을 테다! **가방아, 가방아, 나에게 황금 머리빗을 다오.** (가방에서 황금 머리빗이 나온다.) 와, 물고기 말이 사실

이네, 사실이야! (이로 황금 머리빗을 깨물어 보고 황금임을 확인한다.)

톨로: 내 선물은 어디 있어? 우리 둘이 널 살려 주었잖아.

물고기: 톨로 씨, 당신에겐 검은 손수건을 드릴게요. 이 손수건에 올라서면 손수건은 당신을 어디로든 데려갈 수 있어요.

톨로: 네 말이 사실인지 확인해 보지. 만약 거짓이라면 널 튀겨 먹을 테다.

톨로가 검은 손수건 위에 올라서니, 순식간에 어디론가 사라지고 없다. (톨로가 날아가는 시각 효과를 주거나 프로젝터에 흰 손수건 날리기 효과를 준다.)

톨로: 진짜네, 진짜야!

페리킹: 물고기야, 나에게는 뭘 줄 수 있니?

물고기: 편지 한 장만 남았네요. (후략)

위 희곡 내용을 아래 동화의 원문과 대비해 보고 어떤 부분을 어떻게 고쳤는지 알아보자.

〈페리킹의 피리〉

고아 삼 형제가 살고 있었습니다. 두 형 베르토와 톨로는 막냇동생 페리킹보다 훨씬 나이가 많았습니다. 어느 날 오후, 베르토와 톨로는 파식강에서 연을 날렸습니다. 형들은 막냇동생을 귀찮아했지만, 페리킹은 형들을 따라가 주위를 맴돌며 놀았습니다.

심심했던 페리킹은 실꾸리를 가지고 강가로 갔습니다. 그는 실꾸리를 대나무 조각에 감아 묶어 물에 띄워 놓았습니다. 장난감 같은 그의 대나무 배는 물살을 타고 꽤 빨리 움직였습니다.

베르토와 톨로가 연 놀이를 끝내고 집에 가려는데, 페리킹이 보이지 않자 동생을 찾기 시작하였습니다. 한참을 찾다가 지쳤을 무렵, 그들은 강 옆에서 동생을 발견하고는 페리킹의 머리를 한 대 쥐어박았습니다. 그들은 동생이 띄운 대나무 배의 실을 끌어당기는 것을 도와주었는데, 웬일인지 실은 당겨지지 않았습니다. 그들은 힘을 모아 힘껏 실을 잡아당겼습니다. 마침내 실을 당겨 대나무 배가 올라오는데, 물속에서 대나무 조각을 삼킨 큰 물고기가 따라 올라왔습니다. 물고기는 커다란 은빛 농어였습니다. 물고기는 삼 형제에게 말을 걸었습니다.

"사랑하는 친구들, 나를 해치지 마라. 내 입에서 대나무 조각을 꺼내 줘."

삼 형제는 물고기가 하는 말을 듣고는 깜짝 놀랐습니다.

"우리는 너를 해치지 않을게."

베르토와 톨로는 그렇게 말하고, 물고기 입에서 대나무 조각을 빼주었습니다.

"고마워. 은혜를 갚을게."

물고기가 말했다.

"정말로?"

베르토와 톨로가 물었습니다.

"판가시난(Pangasinan)주의 주지사에게는 아주 아름다운 딸이 있어. 주지사는 가장 뛰어난 능력을 지닌 필리핀 남자가 자기 딸 마가리타와 결혼해야 한다고 발표했어. 내가 무슨 말을 하는지 알겠니?"

물고기가 말하였습니다.

"응, 알아들었어. 우리를 주지사 딸과 혼인시켜 준다는 거야? 정말?"

베르토와 톨로가 대답했습니다.

"그래, 베르토. 먼저 내 입에 손을 넣어 봐. 그리고 작고 부드러운, 빨간 가방을 꺼내."

베르토는 입에서 작은 가방을 꺼냈습니다.

"이건 뭐에 쓰는 거지?"

베르토가 물었습니다.

"돈을 달라고 빌어 봐. 네가 얼마나 많은 돈을 요구하든지 줄 거야."

"정말? 그럼 한번 빌어 볼게."

베르토가 말했습니다.

"가방아, 나에게 돈을 줘."

"자, 이제 가방에서 돈을 꺼내 봐."

물고기가 말했다.

베르토가 가방에 손을 넣자, 그의 손에는 금화가 쥐어져 있었습니다.

"형, 물고기를 잡은 사람은 난데, 나에게도 돈을 좀 나눠 주면 안 돼?"

하고 페리킹이 말하였습니다.

"무슨 소리야? 네가 무얼 하려고 돈이 필요해?"

하고 베르토가 동생에게 핀잔을 주었습니다.

"물고기야, 너는 나한테 무엇을 줄 거야?"

이번에는 톨로가 물고기에게 물었습니다.

"내 입에서 크고 부드러운 검은색 손수건을 꺼내 봐."

물고기가 말했습니다.

톨로는 물고기 입에서 손수건을 꺼낸 다음 물고기에게 물었습니다.

"이걸 어떻게 사용하는 거지?"

"손수건을 땅에 깔고 올라서서 어디로 가고 싶은지 말해 봐."

"뭐? 정말로?"

톨로는 바닥에 손수건을 깔아 놓으면서 말했습니다. 페리킹의 두 형은 손수건 위로 섰습니다.

"손수건아, 우리를 들어 올려 줘."

그러자 손수건이 두 사람이 천장에 닿도록 들어 올렸습니다. 깜짝 놀란 톨로가 손수건에게 내려놓으라고 명령하자, 손수건은 다시 두 사람을 바닥으로 내려놓았습니다.

"자, 나는 이제 갈 거야."

물고기는 이렇게 말하더니, 갑자기 물속으로 사라졌습니다.

베르토와 톨로는 불안해졌습니다. 다음 날 그들은 작은 가방을 향해 돈을 달라고 하여 값비싼 옷을 샀습니다. 두 사람은 부자가 되어 호화롭게 살았습니다. 하지만 아무것도 얻지 못한 페리킹은 풀이 죽었습니다. 형들이 판가시난 지방으로 여행을 떠난 뒤 홀로 남은 페리킹은 너무나 외로워 매일같이 울었습니다. (후략)

페리킹의 '배우자 탐색담'이라고도 할 수 있는 〈페리킹의 피리〉는 마법의 효과를 발휘하는 도구들을 통해 아이들의 흥미를 유발할 요소를 제시하는 작품이다. 원작 동화를 기반으로 만들어진 희곡은 '연기'와 '무대'를 통해 서사 전개와 인물들의 감정을 좀 더 풍부하게 연출할 수 있다는 장점이 있다. 강가와 연, 은빛 농어라는 세 가지 요소는 필리핀 동화의 서사적 환경을 잘 드러내 주는 요소이다. 이 이야기 뒤로는 배우자 탐색담에 꼭 들어 있는, '과제 수행담'이 전개된다. 배역을 맡은 학생 배우들은 과제를 수행하는 과정에서 무대 위에서 뛰고 춤추고 노래하는 등 몸을 역동적으로 쓰며 감정을 표현해야 하기 때문에 연극의 교육적 효과는 극대화된다. 세브리노 레예스 동화의 가장 유명한 작품들을 연극 무대에 올려 근대 문학유산을 학생들이 교과 과정에서 체험할 수 있도록 한 벨렌 교수의 의도는 과감하다. 고립된 처지에 있는 주인공 페리킹이 마법 도구를 이용해 꿈을 이루어 가는 환상적 이야기를 오늘날의 10대들이 어떻게 받아들이고 새롭게 표현할지 궁금해진다.

판가시난주 주지사의 아름다운 딸 마가리타와 혼인하게 되는 이는 고아 삼 형제 중에 누구일지, 문제 발생에서부터 아이들에게 이는 마치 수수께끼처럼 작용한다. 대나무 조각으로 만든 낚싯대에 잡힌 은빛 농어는 신비한 능력이 있는 가방과 손수건을 형제에게 준다. 그리고 홀로 남겨진 페리킹에게 나타난 잉콩 후세라는 신비한 노인은 마법 모자, 마법 담요, 마법 피리를 준다. 이 마법 도구를 적재적소에 활용하는 것은 어디까지나 주인공 페리킹의 능력이다. 페리킹은 마법 도구를 활용해 자신의 영웅적 기질을 발휘하고, 마침내 다른 도전자들을 압도하고 주지사의 딸과 결혼한다. 희곡으로 각색된 〈페리킹의 피리〉는 비교적 짧은 호흡의 대사를 통해 원작 동화를 좀 더 리듬감 있게 구성해 내고 있음을 확인할 수 있다. 희곡의 결말에는 페리킹이 판가시난주 주지사의 딸과 결혼하는 이야기가 생략되어 있다. 이러한 개작은 관객들에게 새로운 해석의 여지를 남길 것으로 기대된다.

7장

최근 청소년 대상 선집의
캐릭터와 스토리

현재 독서 시장에서 가장 많이 유통되는 '바샹 할머니 이야기' 단행본은 단연 타하난 출판사에서 2005년, 2012년에 각각 간행한 『바샹 할머니 이야기 선집』 1, 2권이다. 이 책은 1997년 고급 독자 취향의 선집을 간행하였던 타하난 출판사가 크리스틴 벨렌과 손잡고 펴낸 청소년·대중 독자 취향의 '바샹 할머니 이야기 선집'이라 할 만하다. 각 권의 수록 작품 목록 및 유형적 성격은 다음과 같다.

1. 『바샹 할머니 이야기 선집』 1권의 캐릭터와 스토리

번호	한국어 제목	타갈로그어 제목	유형
1	파식강 소용돌이에 사는 인어	Ang Sirena sa Uli-Uli ng Ilog-Pasig	신이담-운명담
2	아콩 에키트(엉터리 점쟁이)	Si Akong Ekit	형식담-반복담
3	천국의 사기꾼	Lokohan sa Langit	소담-지략담
4	마리아 마킬링	Maryang Makiling	신이담-기원담
5	겁 없는 페드로	Pedrong Walang Takot	신이담-초인담
6	공주가 된 시골 소녀	Ang Dalagang Bukid na Naging Prinsesa	일반담-염정담
7	마법에 걸린 꼽추	Ang Mahiwagang Kuba	신이담-변신담
8	말하는 해골	Ang Kalansay na Nangungusap	신이담-초인담
9	원숭이 왕자	Ang Prinsipeng Unggoy	신이담-변신담
10	여덟 명의 장님	Ang Walong Bulag	소담-우행담

| 11 | 병약한 왕자 | Ang Prinsipeng Masasakitin | 일반담-염정담 |
| 12 | 세 왕들의 왕 | Ang Hari ng Tatlong Hari | 신이담-초인담 |

이 책은 신이담이 일곱 편(1, 4, 5, 7~9, 12번)으로 가장 많지만, 소담 두 편(3, 10번), 일반담 두 편(6, 11번), 형식담 한 편(2번) 등 비교적 다양한 성격의 작품들을 선정하였다는 특징이 있다. 1권의 수록 작품은 언뜻 보면, 1997년 타하난 선집이나 2004년 앤빌 그림책 시리즈와는 전혀 달라 새로워 보인다. 하지만 1962년 알리완 출판사의 선집과 비교해 보면, 1권의 수록 작품이 대부분 알리완 선집과 일치한다는 사실을 알 수 있다. 가장 오래전에 출판된 책에서 좀 더 다양한 주제의 '바상 할머니 이야기' 레퍼토리를 찾았다는 점이 흥미롭다. 1권에는 〈파식강 소용돌이에 사는 인어〉, 〈마리아 마킬링〉과 같이 필리핀의 대표적인 신화·전설을 재화한 고전적인 작품도 있고, 〈말하는 해골〉이나 〈천국의 사기꾼〉과 같은 당대 현실에 대한 블랙 유머담도 있다. 1권은 제재 면에서 '진실한 사랑', '인생의 진실', '용감한 남자'라는 키워드가 돋보인다. 이 세 가지 제재를 중심으로 수록 작품들의 캐릭터와 스토리를 분석하면 다음과 같다.

1) 진실한 사랑 예찬

타하난 선집 1권(2005)에서 가장 많은 비중을 차지하는 유형은 '진실한 사랑'을 예찬하는 내용의 작품들이다. 〈파식강 소용돌이에 사는

필리핀 국민동화 바상 할머니 이야기

인어〉, 〈마리아 마킬링〉, 〈공주가 된 시골 소녀〉, 〈병약한 왕자〉, 〈마법에 걸린 꼽추〉, 〈원숭이 왕자〉가 이 유형에 해당된다. 〈파식강 소용돌이에 사는 인어〉, 〈마리아 마킬링〉은 오래된 필리핀의 신화와 전설을 재화한 작품이며, 〈공주가 된 시골 소녀〉, 〈병약한 왕자〉는 일반담 유형의 사랑 이야기이며, 〈마법에 걸린 꼽추〉, 〈원숭이 왕자〉는 신이담 계열의 사랑 이야기다.

〈파식강 소용돌이에 사는 인어〉는 루시오 중위의 아들 시소(Siso)와 인어왕국의 여왕 에나의 사랑과 파국을 그린 작품이다. 조금 자세히 스토리를 살펴보려고 한다. 루시오 중위의 아들 시소는 대나무 뗏목을 타고 파식강을 건너가다가 물이 갑자기 소용돌이치면서 뗏목이 뒤집히고 물에 빠졌다. 누군가 그를 물 밖의 동굴로 끌고 갔다. 깨어보니 그는 큰 동굴 안에 누워 있었다. 동굴에는 큰 궁전이 있었고, 궁전의 문은 온갖 보석으로 장식되어 있었다. 그때 흰옷 입은 시녀들과 에나 여왕이 다가왔다. 여왕은 시소에게 반했다고 고백했다.

궁전에는 아름다운 정원이 있었는데, 새는 없었다. 새 대신 물고기가 날아다니는 풍경은 매우 이국적이다. 여왕은 시소와 결혼하기를 요청하였고, 두 사람은 바다의 신 넵튠의 축복 아래 결혼을 하여 행복하게 살았다. 인어의 아버지이자 바다의 신 '넵튠'은 "서로 사랑하라. 사랑을 배신한 자는 반드시 죽을 것이다"라는 축복이자 경고의 말을 남긴다. 시소와 여왕 에나는 서로 사랑하였고, 아이도 임신하였다.

1년 뒤 시소는 부모님이 그리워 잠시 고향 집에 다녀오고 싶다고 에나에게 말한다. 에나는 시소가 돌아오지 않을까 근심하고, 시소에게 그가 돌아오지 않으면 반드시 죽는다는 경고를 단단히 하고 집으로 보내 준다. 시소는 에나의 마법에 의해 순식간에 육지로, 자기 집으로 돌아왔다. 시소는 금실은실로 짠 옷감에 다이아몬드 단추를 단 화려한 의복을 입고 있었다. 부모는 죽은 줄 알았던 아들 시소가 살아 돌아오자 무척 기뻐하였지만, 파식강 소용돌이에 사는 인어와 결혼해 살고 있다는 말을 처음엔 믿지 못했고, 그 말이 사실이라는 것이 밝혀지자 시소가 다시 돌아가지 못하도록 꼭 잡아 두었다. 성당의 신부는 인어를 '마법을 부리는 요물'이라며 경계하고, 그녀와 함께 있으면 영혼이 망가진다고 하였다. 부모는 시소를 집에 붙잡아 두고, 인어가 찾아오지 못하도록 집의 모든 문과 창을 단단히 걸어 잠갔다.

몇 달 뒤 에나는 시소 앞에 나타나 아이를 버리지 말라고 눈물의 당부를 하고, 그래도 돌아오지 않으면 복수를 하겠다고 경고하였다. 시소는 집 안에 갇혔으나, 에나는 물이 있는 곳이면 어디서나 나타났다. 어느 날 시소가 아무도 들어오지 못하는 방에서 접시에 물을 따르자 접시에서 나타난 에나는 시소의 목을 물어 죽였다.

필리핀 사람들은 인어가 사람들을 물속으로 데려가거나 빠트려 죽인다고 생각하였다. 이 이야기는 파식강 소용돌이 안에 산다는 인어와 사람의 사랑과 비극적 결말을 그린 작품이다. 예부터 파식강에는 인어가 산다는 이야기가 있었고, 본 사람들도 많았다고 한다. 이 이야기는 인어와 사람의 사랑과 행복한 생활을 그렸다. 작가는 인어가 사람을 사랑하지만, 한번 자기 세계에 왔다가 떠나는 사람에게는 반드시 복수한다는 필리핀 사람들의 생각을 그렸다.

〈마리아 마킬링〉은 '티모'라는 사람이 마킬링산에 있는 마법의 절벽에 갔다가 마리아 마킬링이라는 전설의 여왕을 만난 뒤 비범한 생애를 살았고, 뒤에 바나하우왕이 되었다는 전설을 재화한 동화이다. 작품에는 마리아 마킬링이 다스리는 동굴 안 도시의 경관이 신비롭게 묘사되어 있고, 티모가 작은 황금 책을 얻은 뒤로 신비한 능력을 얻어 강도와 산적들로부터 마을과 여행객을 지킨 일들이 흥미롭게 묘사되어 있다. 타알 화산이 폭발하였을 때 티모는 사라졌으나, 사람들은 티모가 마리아 마킬링에 의해 구원받았으며, 바나하우왕이 되었다고 믿었다.

〈공주가 된 시골 소녀〉는 일반담 계열의 사랑 이야기다. 구알테리오 왕자는 이탈리아 지배하의 살루스 공국의 지도자로 화려하고 부유한 삶을 산다. 어느 날 왕자는 사냥을 갔다가 어느 마을에서 평민 그리셀다를 발견하고 그녀와 사랑에 빠진다. 왕자는 그리셀다와 비밀 결혼식을 올리고 아이도 낳았지만, 평민이라는 신분 때문에 그녀를 공식 왕비로 맞이하지 못했다. 그리셀다는 평민 제니쿨라의 딸이며, 겸손한 마음을 지닌 아름다운 여인이다. 그녀는 왕자의 연인으로 사는 것을 거부하고 부인으로 살았고 아이도 낳았지만, 신분 차이로 정식 결혼식을 올리지 못했다. 하지만 지속적으로 결혼을 통해 자신의 사랑을 인정받고자 했다. 왕자의 누이 에네스타나 공주는 신분 차이가 난다는 이유로 두 사람의 결혼을 반대했고, 결국 반란을 일으켰다. 뒤에 구알테리오 왕자는 그리셀다와 정식으로 결혼식을 올려 신분 차이를 뛰어넘는 사랑을 인정받았다. 작가는 왕족이 다른 신분의 사람과 사랑하고 결혼할 때 생기는 현실적 문제를 포착하여 매우 사실적이고 구체적으로 묘사하였다.

〈병약한 왕자〉도 일반담 계열의 사랑 이야기이다. 호세 1세 왕은 아들 아마도 왕자의 우울증을 치료하는 사람에게 큰 상금을 준다는 명을 내렸지만, 병은 낫지 않았다. 왕자는 말을 타고 궁 밖으로 나갔다가 아름다운 아가씨 리나를 만나 첫눈에 반한다. 왕자는 하인의 옷을 입고 할머니와 손녀 리나가 사는 집을 찾아가 땔감 줍는 일을 돕고 식사를 같이하면서 건강이 회복되었다. 왕자는 리나의 할머니에게, 한 가지에 세 개가 붙어 있는 오렌지를 왕궁에 가져가면 왕자의 병을 고칠 수 있으며, 상금도 있다고 알려 준다. 할머니와 리나는 상금을 받았지만, 갑자기 강도에게 납치당하여 사라졌다.

아마도 왕자는 평민 리나의 아름다움에 반했고, 그의 부왕은 아들의 사랑을 이루어 주기 위해 리나를 공주로 만들 계획을 세운다. 평민 신분으로는 리나가 왕자와 결혼할 수 없었기 때문이다. 이에 왕은 강도가 리나를 납치하여 이웃 나라 왕 엔리케 2세에게 팔도록 했고, 엔리케 2세는 리나를 공주로 삼았다. 그리고 아마도 왕자가 직접 엔리케 2세를 방문하여 리나 공주를 데려오도록 하고, 결국 두 사람은 결혼식을 올린 뒤 "나라 안 사람들의 축복을 받으며 행복하게 살았다"고

한다. '아름다움'과 '신분 상승'은 평민 아가씨 리나가 왕자와 결혼하기 위한 선결 조건이다. 이러한 조건은 여성과 결혼에 관한 당대인들, 또는 작가의 생각을 반영한다.

〈마법에 걸린 꼽추〉, 〈원숭이 왕자〉의 남자 주인공들은 모두 흉측한 외모 때문에 괴로운 인생을 살다가 여인의 사랑을 통해 멋진 남자로 변신한다. 이 두 작품의 내용은 앞에서 언급되었기에 길게 설명하지는 않겠다.

특이하게도, 이 작품의 모든 주인공들은 외모가 못생기고 잘생긴 것에 대해 지나치게 민감한 반응을 보인다. 세브리노 레예스의 작품 소재나 모티브 중에서 가장 흔히 보이는 것은 가난하고 낮은 신분의 남자가 여행과 모험을 통해 능력을 얻고 아름다운 공주와 결혼하는 이야기다. 남자는 가난하고 신분이 낮기는 해도, 보통 잘생기거나 힘이 세거나 용감하다. 외모가 문제시되는 경우는 별로 없었다. 그런데 원숭이 왕자 후안은 "똑똑하고 용감하고 힘이 셌지만", 결정적으로 추악한 외모가 문제 되었다. 그 외모는 다른 어떤 장점에도 불구하고 상쇄되기 힘든 것이었다. 작가는 예수의 요단강 세례(물론 이는 잘생긴 남자로의 변신과는 전혀 상관없는 것이지만)를 흉내 내어 요단강에서의 몸 씻기 세레머니를 통해 후안을 멋진 남자로 변신시켰지만, 너무 억지스러운 전개방식이라 서사의 개연성은 현저하게 떨어져 버렸다.

2) 용감한 남자 예찬

〈겁 없는 페드로〉의 주인공 페드로는 토나와 신도 부부가 사탄에게 기도해서 얻은 아들이다. 그래서 페드로가 태어나자마자 토나와 신도 부부는 후안 신부에게 달려가 페드로를 지켜 주기를 부탁한다. 후안 신부는 페드로를 교육하면서 페드로가 사탄이 아닌, 하느님의 자녀이며, 교회의 가르침 안에서 살도록 지도하였다. 덕분에 페드로는 하느님의 자녀이자 유령조차도 두려워하지 않는 용감한 남자로 성장한다.

후안 신부는 예전에 스페인 사람 바스티안이 살았던 마룰롱의 대농장에 있는 집을 마법의 집이라 생각하고, 페드로를 그곳에 보내 청소하라고 하였다. 그곳은 밤중에 농장의 전 주인 바스티안의 영혼이 나타난다고 하는 곳이었다. 페드로가 식사를 하고 있는데, 발이 하나 나타나고, 다른 발이 나타났다. 페드로는 죽은 자를 두려워하지 않았기에 유령과 싸워 이겼고, 유령은 떠나면서 200만 페소가 들어 있는 금고 열쇠를 준다. 신부는 유령이 주었다는 보물을 모두 페드로가 갖도록 했고, 페드로는 돈과 보물을 가지고 집에 돌아가 큰 부자가 되었다.

이 이야기는 사탄에 의해 태어난 것 같았던 페드로가 하느님의 은총에 의해 태어난 것이며, 후안 신부의 기도와 축복, 교육에 의해 페드로가 하느님의 자녀로 살고, 아무것도, 심지어 귀신조차도 두려워하지 않는 용감함을 인정하는 이야기다. 작가는 대단히 용감한 페드로를 초인적 인물로 묘사하는 한편, '하느님의 은총과 구원'이라는 가톨릭 신앙을 형상화한다.

〈세 왕들의 왕〉의 주인공 불리릿은 어리고 키가 작지만 힘과 용기는 어마어마하게 센 초인적 존재다. 할루로이와 알라티트 부부의 아들 불리릿은 가난한 집안에서 너무 많이 먹어 아버지에 의해 몇 번이나 살해당할 뻔하지만, 끝까지 살아남는다. 불리릿은 아버지에게 긴 칼 한 자루를 만들어 달라고 해 칼을 끌며 넓은 세계로 여행을 떠난다. 그리고 길에서 세 명의 기이한 남자를 만나 친구로 삼는다. 네 사람은 여행을 하다가 거인이 사는 궁전을 발견하고 모든 음식을 먹어 치운 뒤 숨어 있다가, 거인이 도착하여 자고 있을 때 궁전을 절벽 아래로 밀어 떨어뜨려 거인을 죽이고, 보물과 금화를 얻는다. 네 명의 용사는 각 나라를 다니며 큰 공을 세운 뒤 세 명은 각 나라의 왕이 되며, 불리릿은 거인에게서 빼앗은 금화와 보석을 가지고 부자가 되어 집으로 돌아가 부모를 기쁘게 하며 살았다. 키 작고 힘센 불리릿의 모험담은 한국의 〈오 형제〉, 일본의 〈모모타로〉와 비견될 만한 초인담이다.

3) 세상에 대한 블랙 유머

〈천국의 사기꾼〉의 주인공은 천국 문 앞에 선 의사와 변호사, 그리고 천국문을 지키는 베드로이다. 천국의 문 앞에서 의사가 천국 문을 노크하였는데, 문지기 베드로는 천국에는 아픈 사람이 없으므로 의사가 필요 없다고 거절하였다. 변호사가 문을 노크하자, 베드로는 천국에는 평화만 있으므로 변호사가 필요 없다고 문을 열어 주지 않았다.

변호사가 다시 문을 두드려 베드로가 하느님 보좌에 더 가까이 가야 한다며, 자기가 편지를 쓸 테니 베드로는 서명만 하면 된다고 하니 베드로가 문을 열어 주었다. 의사가 베드로의 대머리는 치료할 수 있으며, 자신이 약을 만들어 주겠다고 하니 베드로는 문을 열어 주었다. 하지만 지금까지도 베드로는 여전히 대머리 문지기로 살고 있다는 결말은 변호사와 의사의 사기꾼적 면모에 대한 블랙 유머를 보여 준다.

〈아콩 에키트〉의 주인공 아콩 에키트는 학교 가기를 싫어해서 엉터리 점을 쳐서 아버지 탄당 셀로를 속였다가 점쟁이로 소문이 난다. 뒤에 에키트는 술탄으로부터 잃어버린 보석반지를 찾아 달라는 부탁을 받는다. 범인은 술탄의 마부였다. 마부는 에키트의 명성을 듣고 자신이 훔쳤다고 고백하고, 에키트는 반지를 찾아낸다. 이를 계기로 에키트는 젤마 공주와 결혼한다. 뒤에 에키트는 홀로의 술탄이 되자 점치는 일을 그만두었다. 이 작품은 형식담으로서, 엉터리 점쟁이에게 찾아온 우연한 행운과 성공 스토리를 통해 세상의 허약함과 민중들의 성공 열망을 대비적으로 그렸다.

〈말하는 해골〉의 주인공은 '해골'이다. 해골은 필리핀의 결핵 연구자 루이스 토렌티노 박사의 친구인 윌리엄의 해골이다. 해골은 인간이 아님에도 불구하고 인간과의 대화가 가능하며, 의학지식도 풍부하며, 인생의 진실을 꿰뚫어 보는 초인적 존재다.

루이스는 필리핀 사람의 결핵 치료법을 연구하기 위해 그는 연인 루싱과의 결혼도 미루고 있다. 그의 어릴 적 친구이자 연인 루싱은 루이스와의 결혼이 미뤄지자 힘들어하고 있다. 루이스가 실험실에서 유골 단지 안에 있는 윌리엄의 해골을 꺼내 놓았는데, 해골은 루이스에게 결핵의 원인이 더러운 위생 환경과 제대로 먹지 못하는 것이라고 한다. 해골은 박사의 영혼을 데리고 카니발에 갔는데, 그곳에서 남녀가 어울리는 모습을 보여 주며 사랑과 '결혼의 진실'을 보여 준다. 또한 박사의 연인 루싱이 부유한 지주와 키스하는 모습을 보여 준다. 박사는 이것을 보고 '결혼을 피할 수 있다면 축하받을 일'이라고 하였다. 루이스는 집으로 돌아와 루싱에게 파혼한다는 편지를 전하였다. 해골은 이와 같이 인간사의 진실을 블랙 유머처럼 전하는 역할을 한다.

〈여덟 명의 장님〉의 주요 인물은 치모 대장, 장님 필로, 절름발이 등이다. 마닐라 판다칸 지역의 치모 대장은 불쌍한 자들을 돌보는 착한 사람이다. 그는 어린이날에 수백 명의 거지와 장님에게 호화로운 식사를 대접한다. 타야바스 지역에서 온 부유한 사업가 카비상 루시오는 자신의 마을에 여덟 명의 장님을 데리고 가 숙소와 음식을 제공하였다. 일곱 명의 장님은 코코닛 나무에 올라가 열매를 따고, 막내 필로는 그것을 받았는데, 어느 날 폭풍우가 불어 나무에 올라간 일곱 명의 장님이 모두 떨어져 죽었다.

장님 필로는 우연히 만난 절름발이를 업고 여행을 떠나는데, 걷다가 굵은 카보 네그로 밧줄을 챙기고, 또 도끼와 드럼을 줍기도 한다. 음식을 찾다가 들판 한가운데 있는 큰 집을 발견하고 들어간다. 도적들이 집 안으로 들어오자 큰방에 숨은 두 사람은 도적들이 가방에 돈과 보석을 가득 채워 온 것을 보고 떠들다가 도적들에게 들킨다.

필로는 카보 네그로 줄을 꺼내 던지며 이것이 자신의 머리카락이라 말하고, 도끼날을 던지며 이것이 자신의 이빨이라 말하고, 드럼을 치며 자신의 기합소리라고 하니, 도둑들이 그를 무서운 거인으로 여겨 황급히 도망쳤다.

도적들이 두고 간 가방을 가지고 언쟁을 벌이던 절름발이가 장님 눈을 때렸다. 필로는 화가 나서 절름발이를 걷어찼다. 이때 기적이 일어나 장님은 눈을 뜨고, 절름발이는 걸을 수 있게 된다. "도둑의 것을 훔친 도둑은 백 년의 용서를 받는다"는 속담이 기적의 원동력으로 작용한 것이다. 절름발이와 장님, 두 사람은 축복을 내린 신께 감사를 드린다. 두 사람은 마닐라에 정착하여 사업 동료가 되고, 코코넛 상인이 되어 큰 부자가 되고 존경을 받으며 산다.

이 작품은 전체적으로 인물과 서사의 유기적 연결이 약하다. 초반에 티모 대장과 루이스가 등장하여 거지와 장님을 구제한다고 하지만, 그들이 왜 그런 행위를 하는지 알 수 없다. 루이스가 여덟 명의 장님을 뽑아서 자신의 마을에 데리고 가서 무엇을 한 것인지 알 수 없다. 그들은 그 뒤로 사라진다. 장님들은 따로 노동을 한 것도 아니고, 그저 운동 삼아 매일 아침 코코넛 나무에 올라 여덟 개의 코코넛을 따서 자신들이 먹은 것밖에는 한 일이 없다. 일곱 명의 장님이 갑자기 폭풍우에 날려 떨어져 죽었다는 설정도 이상하다.

장님과 절름발이가 여행을 떠나다가 발에 밟히는 밧줄과 도끼날,

깨진 드럼을 주워 도적들을 쫓아낸 이야기는 그림 형제의 동화〈브레멘 음악대〉에서 고양이, 개, 당나귀 등이 도둑들을 쫓아낸 이야기의 형식과 유사하다. 가방을 훔쳐 나온 장님과 절름발이가 서로 치고받다가 눈을 때리니까 눈을 뜨고, 걷어차니 걸을 수 있게 되었다는 기적 설정은 허황되어서 더욱 공감하기 어렵다. 전체적으로, 이 작품은 서사의 연결이 긴밀하지 않고 의미화도 잘 되지 않아 좋은 작품이라 하기 어렵다. 크리스틴 벨렌은 500여 편의 '바샹 할머니 이야기' 중에서 왜 이런 작품을 골랐을까?〈원숭이 왕자〉와 함께〈여덟 명의 장님〉은 서사가 조잡하고, 못생긴 사람과 장애인이라는 제재를 함부로 다룬 작품이다. 이 두 작품은 고전을 재출판할 때, 작품을 보다 신중하게 선정해야 한다는 점을 잘 보여 준다.

✺

2.『바샹 할머니 이야기 선집』2권의 캐릭터와 스토리

번호	한국어 제목	타갈로그어 제목	유형
1	거지와 결혼한 공주	Ang Prinsesang Naging Pulubi	소담-지략담
2	페리킹의 피리	Ang Plautin ni Periking	신이담-주보담
3	커다란 황금 마차	Ang Karosang Ginto	신이담-초인담
4	비단뱀의 보석	Ang Sula ng Sawa	신이담-주보담

5	니콜라스	Nicolas	신이담-주보담
6	킹와강의 용	Ang Dragon sa Ilog ng Kingwa	신이담-초인담
7	왕을 물리친 하녀	Binibining Tumalo sa Mahal na Hari	소담-지략담
8	텔레벵강의 도깨비	Ang Ilog ng Telebeng	신이담-기원담
9	황금 산의 왕	Ang Hari sa Bundok na Ginto	신이담-주보담
10	세 친구의 양치기 골탕 먹이기	Ang Tatlong Nagpalligsahan	소담-지략담
11	새들의 왕자	Ang Prinsipeng Ibon	신이담-초인담
12	까다로운 왕자	Prinsipeng Mapaghanap	신이담-변신담

2012년에 출판된 타하난의 『바샹 할머니 이야기 선집』 2권은 초기 출판물인 1962년판, 1975년판에서 대부분의 작품을 선집하였다. 결과적으로 편집자가 이전 출판물의 수록 작품과 구분되는 새로운 작품을 발굴하지는 못했음을 알 수 있다. 이 책에 실린 작품의 유형은 신이담이 아홉 편(2~6, 8, 9, 11, 12번)이나 될 정도로 비중이 크며, 나머지 세 편은 소담(1, 7, 10번)이다. 이런 구성방식은 1권과는 또 다른 특징을 보여준다. 신이담도 마술사와 마법담으로 주로 구성되어 있어 2권은 전체적으로 판타지적인 성격이 두드러진다. 한편으론 진실한 사랑에 관한 이야기도 한 축을 차지하고 있다. 이러한 점들을 중심으로 수록 작품들의 캐릭터와 스토리를 분석하면 다음과 같다.

1) 마법 도구와 원조자의 구원을 통한 행복 성취담의 즐거움

마술사와 마법을 제재로 한 이야기는 모두 일곱 편으로 〈페리킹의 피리〉, 〈비단뱀의 보석〉, 〈니콜라스〉, 〈황금 산의 왕〉, 〈커다란 황금 마차〉, 〈킹와강의 용〉, 〈텔레벵강의 도깨비〉 등이다. 이 이야기들은 전체적으로 주인공들이 농어, 신비한 노인, 뱀, 도깨비 등으로부터 신비한 마법 도구를 얻어 성공한다는 점에서 공통적이다. 특히 〈비단뱀의 보석〉, 〈니콜라스〉, 〈황금 산의 왕〉, 〈커다란 황금 마차〉의 주인공들은 각기 뱀에게서 마법 도구나 능력을 얻어 성공한다는 점에서 필리핀 동화의 개성을 보여 준다.

〈페리킹의 피리〉는 '바샹 할머니 이야기'를 대표하는 작품으로, 페리킹이 노인로부터 얻은 마법 도구를 사용해 주지사의 딸과 결혼한다는 내용의 이야기이다. 앞에서 이 작품은 여러 번 소개되었으므로 자세한 줄거리는 생략한다.

이 작품은 말을 하고 마법 도구를 내놓은 농어, 앞일을 내다보고 신비한 마법 도구를 구사하는 노인이 등장하여 주인공을 돕는다. 돈 나오는 가방, 하늘을 날게 해 주는 손수건, 음식이 나오는 흰 담요, 음악을 연주하면 어떤 사람도 미친 듯이 춤을 출 수밖에 없게 하는 마술 피리는 이 작품을 오랫동안 사랑받게 한 요소이다. 오랜 스페인 식민지 시절을 거쳐 다시 미국의 식민지배를 받는 1920년대 현실에서, 세브리노 레예스는 현실적으로 이룰 수 없는 소망을 이와 같이 마법을 통해 성취하는 방식으로 어린이 독자들에게 꿈과 재미를 심어 주었던 듯하다.

〈비단뱀의 보석〉의 주인공 칼리스키스는 뱀의 능력을 지니고 태어난 능력자다. 그는 숲에 들어갔다가 비단뱀을 발견하고, 최고의 부자이자 유명인이 될 거라는 예언을 듣는다. 그는 비단뱀의 입에서 빛나는 보석을 꺼낸다. 이 보석은 소원을 빌면 무엇이든 이루어 주는 보석이다. 그는 비단뱀의 보석을 보면서 공주와의 결혼을 꿈꾼다. 그는 아콘왕의 탈라 공주와 결혼하기로 마음먹었는데, 왕은 삼 일 안에 바다 한가운데에 자기 궁전보다 수천 배 큰 궁전을 짓고, 다리도 지으면 결혼을 허락하겠다는 조건을 내걸고, 이를 지키지 못하면 목을 벤다고 하였다. 삼 일째 되는 날, 칼리스키스는 비단뱀의 보석을 써서 궁전을 완성하고 군대를 이끌고 나타나 아콘왕에게 순금과 진주와 보석으로 장식한 드레스와 보석이 담긴 큰 나무 잔을 선물하고, 자신은 금은보화로 빛나는 옷을 입었다. 그리고 그날 바로 탈라 공주와 결혼식을 올리고 자신은 왕자가 된다.

이웃 나라의 카림바스왕은 이를 질투하여 궁전을 탐내며 위협한다. 카림바스왕이 군대를 이끌고 쳐들어오자 칼리스키스는 뱀들을 이용해 공격해 군사들을 거의 다 죽인다. 그리고 뱀들이 약초를 씹어 발라 주자 군인들이 살아났다. 이 동화에서는 선악 개념이 분명하게 그려지지 않았다. 이 작품은 세브리노 레예스가 비단뱀의 능력을 지닌 인물의 민담을 바탕으로 지은 동화인 것으로 보인다. 현실세계의 질서와 상관없이 뱀을 다스리는 남자, 무엇이든 소원을 말하면 이루어 주는 '비단뱀의 보석'은 이 작품의 중요한 흥미 요소다.

〈니콜라스〉의 주인공은 용감한 남자 니콜라스이다. 그는 어렸을 때부터 같은 동네에 사는 에스더라는 여인을 사랑하여 고백했지만, 거절당하자 상심하여 고향을 떠난다. 그는 어느 숲속에서 거인에게 붙잡혀 원숭이가 되어 지하국에 갇혀 산다. 가까스로 탈출한 원숭이 니콜라스는 '나무 구멍 여왕'의 도움을 받아 거인을 잡아 죽이고, 지하국에 갇힌 사람들을 구하고, 풀려난 공주와 결혼한다.

실연당한 니콜라스가 여행을 떠났다가 거인에게 잡혀 원숭이가 되었다가, '나무 구멍 여왕'에게서 '생명의 물병'과 '마법의 검'을 받아 거인과 싸워 이기고, 공주를 구해 결혼한다는 이야기는 흥미진진하다. 니콜라스의 수식어는 '용감한 남자'이다. 용감이 미덕이 되며, 용감한 남자가 지하세계 거인과 싸워 이기고 공주와 결혼한다는 것이 〈니콜라스〉 동화의 핵심이다.

〈황금 산의 왕〉은 중국 황제의 딸과 결혼한 필리핀 청년의 이야기이다. 주인공 후안은 어떤 책을 읽고 아시아에 황금 산이 있고, 그곳에 왕과 티카이 공주가 있다는 것을 알게 되어 공주와 결혼하겠다는 꿈을 지닌다. 어느 날 부모님의 돈을 가지고 아시아로, 황금 산의 왕과 공주를 찾아간다고 편지를 남기고 사라진다. 후안은 황금 산의 왕궁을 찾아가 뱀이 되어 갇혀 있는 공주 입에서 마법 반지를 꺼내 손가락에 낀다. 후안은 공주와 결혼을 하고, 왕위를 물려받는다. 잠시 고향으로 간 후안은 시련을 당하지만, 다시 황금 산으로 돌아간다. 그는 도중에 두 검은 거인이 싸움을 벌이는 틈을 타 투명 망토와 마법의 검, 신발을 훔쳐 중국의 왕자와 싸워 이기고 티카이 공주와 다시 만나

오랫동안 황금 산을 다스린다. 이 작품은 필리핀 남자가 자기 나라를 떠나 '황금 산 왕국'이라는 나라에 가서 공주와 결혼하고, 왕이 된다는 이야기다. 주인공 후안은 반지, 망토, 검, 신발과 같은 마법 도구를 사용하여 일거에 난관을 해결하고 마침내 공주와 결혼하고 왕이 되는 꿈을 이룬다. 이 작품은 이러한 캐릭터를 통해 용감함과 모험정신, 도전정신을 일깨운다.

〈커다란 황금 마차〉는 평민 디와가 신이한 일을 성취해 필리핀 동쪽 왕국의 비투인 공주와 결혼하는 이야기다. 디와는 나무에 있는 뱀 꼬리를 깨물어 먹음으로써 엄청난 힘을 얻는다. 디와는 시누쿠안에서 금을 캐내고, 그 금으로 신비한 물건을 사며, 여행길에서 만난 세 명의 기이한 남자 —태풍을 불게 하는 행인, 천 리 밖을 내다보는 파나하우, 빛보다 빨리 달리는 비리스— 를 친구로 삼는다. 디와가 마차를 몰고 왕을 찾아가지만, 그는 디와가 왕자가 아니라며 결혼을 허락하지 않고, 바나하우 화산에서 물을 한 병 떠 오라고 하고, 거인 하이간테와 경쟁을 붙인다. 디와가 비리스를 불러 물을 떠 오라고 부탁하자 그는 바람처럼 사라졌다. 하지만 비리스는 하이간테에게 속아 야자 와인을 먹고 잠든다. 디와가 다시 파나하우를 불러 보게 하니, 비리스가 잠을 자고 거인이 물병을 가지고 오는 것을 본다. 행인에게 부탁하니, 소용돌이를 만들어 거인을 바나하우산 뒤로 날려 보내고, 바람을 일으켜 비리스를 깨워 물병을 가져오게 한다. 디와는 시험을 통과하여 마침내 비투인 공주와 결혼하여 행복하게 살고, 뒤에 현명한 왕이 되어 백성들을 다스린다.

평민의 아들 디와가 성공하게 된 첫 번째 비결은 신비한 뱀의 능력을 얻어 엄청나게 힘이 센 용사가 된 것이었다. 〈비단뱀의 보석〉의 주인공 칼리스키스와 함께, 이 이야기의 주인공 디와가 뱀과 싸워 그의 능력을 얻는 이야기는 필리핀 신화에서 제재를 구한 것으로 보인다. 레예스는 이처럼 뱀의 능력을 입은 남자 디와가 황금을 다스리고, 기이한 남자들을 동반자로 삼아 어려운 시험을 통과해, 여인을 얻고 왕국을 건설하는 것까지 한편의 장쾌한 영웅신화를 흥미롭게 재화하였다.

〈킹와강의 용〉은 킹와강에 용이 나타나 제물을 잡아먹으려고 할 때, 산티아고 성인이 나타나 용을 죽이고 사람을 구해 주었다는 이야기로, 어려운 시기에 교회의 신비로운 성인, 산티아고 성인이 환생한다는 믿음에 관한 이야기이다. 킹와강의 용은 사람들을 위협하고 매년 12월 30일 처녀 제물을 바치라고 하였다. 용이 제물을 잡아먹으려고 할 때 사람들이 산티아고 성인에 기도하자, 백마를 탄 용사가 튀어나와 말이 물 위를 걸어 칼로 용의 두 눈을 찔러 죽였다. 사람들은 그가 산티아고 성인이라는 것을 알고 놀란다. 이 이야기는 블라칸 지방의 킹와강에 살면서 인간을 괴롭혀 온 용을 가톨릭 교회의 성인이 나타나 죽이고 사람들을 구했다는 전설을 레예스가 한 편의 '용 퇴치 신화'로 재화한 것으로 보인다.

〈텔레벵강의 도깨비〉의 주인공은 결혼을 약속한 티샤(여자)와 우멩(남자)이다. 보름달 뜬 밤에 텔레벵강에서 목욕하면 큰 황금을 얻을 수도, 도깨비에게 잡혀갈 수도 있다는 전설이 있었다. 우멩은 매번 목욕을 하고 금덩어리를 가져왔는데, 어느 날 우멩은 돌아오지 않았다. 티샤는 금을 돈으로 바꿔 교회에 헌금하며 성모 마리아에게 기도하였다. 2년이 지난 뒤 우멩이 갑자기 티샤 앞에 나타나, 도깨비들에게 잡혀 있었다고 하였다. 우멩은 그곳에서 가져온 금덩어리를 가지고 부자가 되었고, 결혼하였다. 하지만 우멩을 찾는 도깨비 울음소리에 그들은 마을 떠나 살았다고 한다. 이 작품을 통해 볼 수 있는 필리핀의 도깨비는 깊은 강 아래에 마을을 이루어 살며, 보름달 뜬 밤에 강물에 목욕하는 사람에게 금덩어리를 주기도 하지만, 그를 납치하여 함께 살기도 하는 존재이다. 이 이야기 역시 〈킹와강의 용〉과 함께 필리핀 사람들의 삶에 민간신앙과 가톨릭 신앙이 공존해 있음을 보여 준다.

2) 진실한 사랑 예찬

〈거지와 결혼한 공주〉, 〈까다로운 왕자〉, 〈왕을 물리친 하녀〉, 〈새들의 왕자〉는 사랑과 결혼을 제재로 하여 진실한 사랑을 예찬하는 주제를 그린 작품들이다.

〈거지와 결혼한 공주〉의 주인공 마팔다 공주는 아름답지만 거만하고 잔소리가 많은 캐릭터이다. 이웃 나라의 테오클레시아노왕은 염소 수염을 한 캐릭터로, 마팔다 공주와 결혼하기를 원하여 염소 수염도 밀고, 거지 가수로 변장하여 마팔다 공주에게 접근하는 인물이다.

이 동화는 '진실한 사랑과 행복한 결혼(의 조건)'이 어떤 것인가를 보여 준다. 마팔다 공주는 아름답지만 거만하다. 결혼 상대자로 많은 왕자가 찾아왔는데, 공주는 왕자들을 외모로만 판단하며 결혼을 회피한다. 이웃 나라의 테오클레시아노왕이 공주와 결혼하기를 원하지만, 공주는 염소 수염을 길렀다는 이유로 그를 거절한다. 화가 난 부왕은 6개월 안에 결혼하지 못하면 궁전에 첫 번째로 오는 거지에게 시집보낸다고 경고한다. 결국 공주는 궁전에서 쫓겨나 거지 가수 시아노와 결혼하여 종려나무로 만든 오두막집에서 산다. 거지는 공주에게 사랑을 고백하고, 돈을 모아 성당에서 결혼식을 올리겠다고 약속한다. 공주는 시아노가 차린 가게에서 도자기를 팔아 돈을 벌기 시작한다. 어느 날, 시아노는 테오클레시아노왕과 이웃 나라 공주의 결혼식 축제에 가서 맛있는 음식을 먹자고 한다. 공주는 무도회장의 음식을 숨겨 집으로 가지고 가 남편과 먹으려고 하였지만, 왕자가 춤을 추자고 팔을 잡는 바람에 음식을 땅에 떨어뜨린다. 왕자는 공주의 아버지 앞에서 자기가 거지로 변장한 테오클레시아노왕이라고 고백하고, 공주와 함께 성당에 가서 성대하게 결혼식을 올린다.

〈왕을 물리친 하녀〉는 톤도왕의 아들 피도 왕자가 시종의 딸 샤레이와 사랑에 빠지자, 톤도왕이 샤레이의 지혜를 시험하고, 마침내 샤레이가 세 차례의 시험을 통과하고 지혜를 인정받아 결혼에 성공한다는 이야기이다. 이 책의 5장에서 소담에 담긴 지혜와 교훈을 살펴보았기에 자세한 내용은 생략하기로 한다.

변신담으로도 분류되는 〈까다로운 왕자〉의 주인공인 스페인 왕자는 이름이 없다. 너무나 잘생겼고 검 솜씨도 세계 최고였으며, 음악에 재능이 있어 작곡에 능하고 악기를 잘 다루며 목소리도 뛰어난 팔방미인이다. 결혼 상대를 구하였으나, 똑똑하거나 잘생긴 사람만 찾아 많은 여성의 구혼을 거절하여 미움을 받았다. 부왕이 전 세계 왕국에 편지를 써서 공주들을 초대하여 결혼 상대를 구하였으나, 북쪽 왕국, 남쪽 왕국, 동쪽 왕국, 서쪽 왕국 등의 공주를 모두 퇴짜 놓았다. 마지막에 만난 공주는 아름답고 의상도 우아하고, 노래도 천사와 같은 목소리로 불렀다. 왕자가 반하여 공주에게 사랑에 빠졌음을 고백하자, 공주는 자신이 공주가 아니라 불쌍하고 못생기고 가난한 자들의 나라에서 온 마법사이며, 왕자가 가엾은 공주들에게 못되게 군 죗값을 치러야 한다고 말했다. 마법사는 왕자를 '백조'로 만들고 노래를 부르면 죽는다고 저주하였다. 백조가 된 왕자는 궁전 정원의 연못에 살면서 가난한 사람들의 처지를 보게 되고, 아픈 아이를 위해 노래를 불러 병을 고쳐 주고는 죽음을 맞이한다.

이 이야기는 어느 지역에서 나온 것인지는 알 수 없지만, 나르시시즘에 빠져 타인을 사랑할 줄 모르는 이기적인 남성이 원망과 저주를 받아 백조가 되었다는 전설을 제재로 한 것으로 보인다. 작가는 여기서 그치지 않고, 병약한 아이를 치료해 주기 위해 목숨을 던져 노래하는 자기희생을 통해 진실한 사랑이 무엇인지를 잘 그려 내었다.

〈새들의 왕자〉는 새들의 왕자가 인간인 싱싱 공주와 사랑에 빠져, 갖은 장애를 이기고 결혼한다는 이야기이다. 이 작품은 이전에도 여러 번 책에 실렸다. 새들의 왕자의 관점에서 보면 외부에서 온 기이한 존재(이게 종족)가 결혼 시험을 통과하여 결혼에 성공하는 이야기이고, 싱싱 공주의 관점에서 보면 부친으로 인한 결혼장애를 이기고, 부친의 영향력에서 벗어나 독립하는 성장담이다. 레예스가 새와 관련된 필리핀 신화에서 제재를 구해 결혼과 새로운 국가의 건설을 그린 것으로 보인다.

3) 기타

〈세 친구의 양치기 골탕 먹이기〉는 세 친구가 지나가던 양치기를 두고 내기를 벌여 그의 염소와 물소, 옷을 차례로 훔쳐 낸다는 내용의 이야기이다. 트릭스터와 어리석은 사람을 주인공으로 내세워, 남을 함부로 믿지 말라는 교훈을 전한다.

이렇듯 편집자 크리스틴 벨렌은 신이한 능력과 원조자를 통해 행복을 얻는 이야기와 진실한 사랑·결혼 이야기들로『바상 할머니 이야기 선집』을 구성하여 청소년들에게 새로운 재미를 제공하고자 하였다.

나는 이 책의 첫 장에서 내가 필리핀의 전래동화를 접하고, 연구하게 된 계기를 말하였다. 그 이야기를 다시 한번 꺼내면서 '바샹 할머니 이야기'에 대한 글을 마무리하려 한다. 2016년 여름 마닐라 시의 한 서점에서 『바샹 할머니 이야기 정선』이라는 동화집을 발견하고, 그 책을 읽으며 나는 매우 새롭고 흥미로운 경험을 하였다. 20세기 초 한국의 방정환, 심의린, 손진태, 박영만 등과 필리핀의 세브리노 레예스는 공통적으로 식민지와 근대라는 시공간 안에서 자국의 옛이야기를 소중하게 보듬었던 작가요 지식인이었다. '아시아 근대 아동문학의 출발'이라는 관점 속에서 이들은 같은 출발선 위에 있었다. 다른 아시아 국가에도 이러한 근대 아동문학 작가, 옛이야기 작가들이 있을 텐데, 이들을 찾아내어 조명할 수 있다면 좋을 것이다.

세브리노 레예스는 20세기 전반의 필리핀 희곡과 아동문학 장르에서 핵심적인 작가로 평가되는 인물이다. 극작가이자 잡지 편집인으로도 유명한 그는 필리핀이 미국의 식민지이던 1925년부터 필리핀 작가로는 처음으로 자국의 민담과 신화를 동화의 형태로 재창작하여 발표하기 시작하였다. '바샹 할머니 이야기'는 1925년 5월 22일, 타갈로그어 주간지 《리와이와이》에 처음으로 실렸다. 첫 작품인 〈페리킹의 피리〉는 이제 '바상 할머니 이야기'를 대표하는 작품이 되었다. 《리와이와이》에는 〈파식강 소용돌이에 사는 인어〉, 〈여덟 명의 장님〉, 〈마법에 걸린 꼽추〉, 〈난쟁이의 복수〉, 〈원숭이 왕자〉를 포함하여 1942년까지 약 500편의 타갈로그어로 된 이야기가 매주 한 편씩 실렸다.

세브리노 레예스는 다작을 한 작가이다. 그는 필리핀의 오랜 전통 생활과 문화를 담은 이야기뿐 아니라, 당대의 이야기, 외국의 문학 제재까지도 적극적으로 활용하여 동화를 창작하였다. 매주 발표한 작품들 중에는 덜 재미있거나 덜 대중적인 작품도 있고, 간혹 주제가 비슷하거나 내용이 중복된 것도 보인다. 좋은 작품은 후대 비평가와 연구자들에 의해 걸러지고, 대중들의 호응을 받으며 고전으로 거듭난다. 그렇지 않은 작품은 잊히고 사라진다.

나는 이 책에서 《리와이와이》에 실렸던 500여 편의 작품이 1962년 이후 여덟 차례의 출판을 거쳐 현재의 독자와 만나는 과정을 관심 있게 살펴보았다. 문학 선집이나 대중 서적의 간행은 고전이 현재의 독자와 만날 수 있는 가장 힘 있는 방법이다. 그림책 시리즈의 간행이 고전의 인지도를 높이며, TV 쇼, 발레, 뮤지컬 등의 영상·공연콘텐츠로 개발되는 계기가 된 점도 흥미로웠다. '바상 할머니 이야기'가 필리핀에서 근대 고전으로, 국민동화로 인식되면서 출판물과 다양한 콘텐츠로 제작된 것은 한국의 경우와 비교해 보아도 성공적이고 흥미로운 사례로 보인다.

나는 이 책의 뒷부분에 17년간 발표된 '바샹 할머니 이야기'의 총목록과 단행본으로 출판된 작품 105편의 요약표를 ―가독성을 떨어뜨린다는 이유로 여러 사람이 반대하는 것을 무릅쓰고― 부록으로 실었다. 크리스틴 벨렌 교수가 만든 표를 바탕으로 작품 제목을 영어로, 한국어로 번역해 총목록을 실은 것은 '바샹 할머니 이야기'를 한국과 필리핀 안팎에서 연구할 수 있는 토대를 만들기 위해서였다. 105편 작품의 요약표는 '바샹 할머니 이야기'의 전승 양상과 내용을 이해하는 데 유용한 자료가 될 것이다. 105편의 작품을 읽고 내용을 정리하면서 '바샹 할머니 이야기'의 특징적인 점을 몇 가지 발견하였다.

첫째, '바샹 할머니 이야기'는 제재나 내용 면에서 크게 세 가지 유형으로 분류되는데, ① 필리핀 옛이야기를 제재로 한 환상적 수법의 이야기, ② 가톨릭 신앙의 소재나 인물을 제재로 한 종교적 주제의 이야기, ③ 현실공간의 사건을 제재로 한 생활 드라마나 소년소설형 이야기이다. 세브리노 레예스는 ①, ③ 유형의 이야기를 통해 주로 식민지 시대의 필리핀 청소년들에게 꿈과 용기, 도전, 여행 및 모험의 필요성과 사랑의 고귀함을 일깨워 주고자 한 듯하다. 한편으로 ② 유형의 이야기를 통해서는 신(하느님)에 대한 믿음과 신실한 생활태도를 나타내었다.

둘째, 주인공은 크게 평민과 왕족으로 구분된다. 평민 주인공은 남자가 더 많은데, 결핍 요소가 있는 주인공이 '용기'를 가지고 '여행'과 '모험'을 떠나 마법 도구 및 신이한 능력을 얻고, 공주와 결혼해 왕이 되거나 부자가 되는 구조를 보여 준다. 왕족(왕, 왕자, 공주)의 이야기가 많은 것은 고귀한 인물, 특별한 주인공을 내세우면서 발생한 특징으로 보인다. 인도네시아 옛이야기에도 왕자와 공주 이야기가 한 주제를 이룰 만큼 많은데, 이는 각 지역에 힌두교, 이슬람교를 바탕으로 한 국가들이 건설되었기 때문으로 보인다. 왕자는 평민 남자 주인공처럼 결핍되었거나 소외된 성격을 지닌 주인공이 많다. 공주들은 결혼 대상으로 드러날 때가 많다. 평민 남성들의 지향가치와 작품의 결말에는 대부분 공주와의 결혼이 포함되어 있다.

셋째, 동화에 마법적·환상적 요소가 많이 드러난다. 이는 '바샹 할머니 이야기'의 큰 특징으로 보인다. 세브리노 레예스는 동화에 '있는 그대로의 현실'이나 "옛날 옛적 어느 산골"과 같은 공간이 아니라, 특정한 시대의 특정한 공간을 배경으로 설정한다. 주인공들은 자신이 처한 문제를 자신이 처한 공간에서 벗어나 '여행'과 '모험'을 떠나면서 능력(신이한 능력, 동반자, 마법 도구)을 얻어 해결하는 전형적 방식을 보여 준다.

초현실적 인물로 마법사, 마녀, 요정, 거인, 난쟁이, 유령이 숱하게 등장하는데, 이들은 사람을 동물로 변하게 하며, 사람을 괴롭힐 수도 있고, 도와주기도 한다. 동물로는 뱀이 많이 등장하였다. 뱀은 신이한 능력을 지녔으며, 주인공을 돕는 존재로 그려진다. 이는 인도네시아(뱀)나 베트남(용) 등의 동남아시아 국가에서도 비슷한 양상인 것으로 보인다.

주인공들이 얻은 마법 도구는 어디든지 데려다주는 카펫·손수 건·신발, 몸을 안 보이게 하는 투명 망토, 어떤 음식이든 내놓는 마법 보자기 등 다양하고 신비하다. 이 외에도 '바샹 할머니 이야기'에서 마법적·환상적 요소는 이야깃거리가 많은 주제다.

넷째, 가톨릭 신앙에 기초한 종교적 주제의 이야기가 의외로 많다. 작중 인물에 신부, 성모 마리아, 성인들의 이름이 많이 보이고, 하느님에 대한 신뢰와 귀의 등의 주제가 많이 그려진다. 이것은 작가 세브리노 레예스의 신앙적 태도를 보여 주는 것이기도 하지만, 필리핀 사람의 대다수가 오랫동안 가톨릭 신앙에 기초한 삶을 살아왔기 때문에 공감을 얻는 것으로 보인다. '바샹 할머니 이야기'에는 순수한 가톨릭 신앙과 민간신앙적 요소가 결합된 형태가 많다.

다섯째, 단행본으로 재출간된 105편 작품 중 3회 이상 출간된 작품은 〈모기의 전설〉, 〈왕을 물리친 하녀〉, 〈공주가 된 시골 소녀〉, 〈세 왕들의 왕〉, 〈황금 산의 왕〉, 〈마리아 세 자매의 남동생〉, 〈커다란 황금 마차〉, 〈마법의 바이올린〉, 〈마법에 걸린 꼽추〉, 〈마리아 시누콴의 사랑〉, 〈난쟁이의 성〉, 〈일곱 얼간이〉, 〈페리킹의 피리〉, 〈거지와 결혼한 공주〉, 〈새들의 왕자〉, 〈원숭이 왕자〉, 〈파식강 소용돌이에 사는 인어〉, 〈비단뱀의 보석〉, 〈여덟 명의 장님〉, 〈더욱 겁쟁이가 된 남자(신비한 부적)〉, 〈마리아 마킬링〉, 〈겁 없는 페드로〉, 〈신비한 장미〉, 〈아콩 에키트(엉터리 점쟁이)〉, 〈판다코퉁〉, 〈누구의 머리가 잘릴까?(술탄 사이프)〉 26종이다. 이 작품들의 캐릭터와 스토리, 미학을 좀 더 연구할 고전은 '선집'과 '편집된 텍스트'를 통해 독자에게 다가간다. 연구자는 좋은 작품을 발굴하고 해석해 좋은 텍스트를 만들어 낸다. 선집은 작품의 발굴과 해석의 결과이고, 텍스트는 연구자(작가·번역가)가 독자에게 제공하는 선물이다. '바샹 할머니 이야기' 연구자가 많아져서 105편 이외의 작품을 발굴해 내고, 좀 더 다양한 시각에서 비평하고, 양질의 텍스트도 생산했으면 좋겠다.

'바샹 할머니 이야기'는 필리핀의 근대 문화유산이라고 할 정도로 필리핀 사람들의 정서, 미학, 생활과 문화의 특징을 잘 보여 준다. 오늘날 '바샹 할머니 이야기'는 필리핀 사람들에게 가장 사랑받는 동화가 되었다. 이 책을 통해서 '바샹 할머니 이야기'를 한국인들이 알게되고, 옛이야기를 활용한 동화 스토리텔링, 고전동화의 캐릭터와 스토리를 활용한 그림책 출판, 다양한 영상·공연콘텐츠 제작에 관심을 기울일 수 있는 계기가 마련되길 기대한다. 아울러 '바샹 할머니 이야기'를 통해 한국과 필리핀이 서로의 문학과 문화를 이해하고 마음으로 가까워지게 된다면 기쁠 것이다.

필리핀에서 '바샹 할머니 이야기' 자료를 조사하면서 현재 이 분야의 연구와 출판, 각종 활동을 주도해 온 인물이 아테네오 대학의 크리스틴 벨렌 교수라는 것을 알게 되었다. 벨렌 교수를 만날 수 있으리라는 생각은 하지 못했다. 하지만 UP의 몇몇 교수님들이 연결해 주어 그녀를 만날 수 있었다. 벨렌 교수를 만난 것은 '바샹 할머니 이야기' 연구에서 큰 행운이라고 생각한다. 벨렌 교수를 통해서 많은 것을 배우고 얻었다. 인터뷰 내용을 그대로 실어 본다.

인터뷰 일시: 2017년 7월 14일, 오전 10:30~12:00

인터뷰 장소: 필리핀 마닐라 시 퀘존시티 아테네오 대학교 마닐라
    호라시오 드 라 코스타 홀 3층 교수 연구실

인터뷰 대상: 크리스틴 벨렌(아테네오 대학 필리핀어문학과 교수, 아동문학
    전공)

면담자: 권혁래

기록, 정리, 통역: 연구보조원 사미아(필리핀 국립대학 지리학과 학부생)

인터뷰는 전날 전달한 질문지를 바탕으로 이루어졌다.

권: 크리스틴 벨렌 교수님, 안녕하세요. 반갑습니다. 인터뷰 요청에 응해 주셔서 대단히 감사합니다. 저는 한국에서 20세기 전반에 출판된 전래동화집에 대해 연구하고 있는 권혁래라고 합니다. '바샹 할머니 이야기'에 관한 최고의 전문가이신 교수님을 인터뷰하게 되어 영광입니다. 벨렌 교수님께 몇 가지 질문드리겠습니다.

제가 가장 먼저 궁금한 것은 컬렉션과 전체 작품 목록입니다. 저는 이번에 필리핀에 와서 '바샹 할머니 이야기' 작품들이 책으로 출판된 것으로 5종을 찾았습니다. 여기 있는 작품 수를 다 합쳐도 70편 정도입니다. 전체 작품 목록을 어떻게 알 수 있습니까?

벨렌: 권 교수님, 저도 교수님을 만나 뵙게 되어 매우 기쁩니다. 우리의 '바샹 할머니 이야기'에 관심을 가져 주셔서 대단히 감사합니다. 지금 출판된 작품들은 모두 마이크로필름에서 발췌한 것입니다. 지금 예전에 출간된 《리와이와이》 잡지를 직접 보기는 어렵습니다. 그런데 마이크로필름도 일부는 아직까지 찾지 못하고 있어, 지금 작품의 전모를 다 아는 사람은 없을 겁니다.

권: 그렇다면 400편의 전체 목록에 대해 조사된 것이 있습니까? 전체 목록 (발표순)을 알고 싶습니다. 이번 연구의 중요한 목적입니다. 여기 이 목록

그림 9 UP 도서관에서 《리와이와이》의 마이크로필름을 열람하는 모습.

은 제가 UP 도서관에서 마이크로필름을 보면서 뽑은 일부 목록입니다.

원본이나 전체적인 목록을 보려면 어디로 가야 됩니까?

벨렌: (크리스틴 벨렌 교수는 1925~1941년 사이에 발표된 작품 목록을 조사한 자료를 주

었다.) 이것은 제 석사논문입니다. 여기 뒤에 제가 조사한 작품 목록이 있

습니다. 이 부분을 참고하시지요.

권: 감사합니다. 《리와이와이》란 어떤 잡지인가요? 제가 일부를 확인한 결

과, 매주 금요일에 발간되었고, 전체 70~80페이지 분량이고, 단편소설,

사진, 광고 등이 많이 실린 재미있는 대중 잡지이더군요. 이 잡지는 언제

부터 언제까지 발간되었습니까?

벨렌: 로라 삼손이 이 잡지에 관한 학위논문을 썼습니다. 그분은 《리와이와이》 잡지를 편찬하는 동시에 처음으로 출간하기도 했죠. 그전엔 세브리노 레예스와 돈 라몬 로세스가 1920년대에 《리와이와이》와 비슷한 유형의 잡지를 만들었습니다. 하지만 그 잡지는 2년 정도 나오다가 망해 버렸죠. 그래서 그분들은 1925년에 《리와이와이》 잡지를 만들어 지금까지 출간해 오고 있습니다.

권: 지금도 그 잡지가 발간되고 있다고요? 돌아가기 전에 한 부 꼭 사 봐야겠네요. (하지만 그 책을 사지 못했다. 그 책을 어디서 파는지 아는 사람이 아무도 없었다.)

교수님, 바샹 할머니 이야기 전체 400편 가운데, 출판된 책들에는 각각 10~20여 편씩 선집되곤 하였습니다. 가장 인기 있는 작품들은 무엇이며, 그 특징은 무엇이라고 생각하십니까? 이 작품들이 선정되는 기준은 무엇인가요?

벨렌: 처음 책으로 출판될 때, 페드리토 레예스(세브리노 레예스의 아들)가 처음 고른 작품들의 영향력이 컸고, 그 뒤로 그 작품 목록이 몇 번이고 반복되어 출판되었습니다. 바샹 할머니 이야기에서 동화, 설화는 주로 1938년까지 출간되었죠. 그 이후의 작품은 스타일이 좀 달라졌습니다.

권: 왜 그런가요?

벨렌: 그(세브리노 레예스)는 극작가이었습니다. 특히 자르주엘라스(스페인의 소규모 오페라)를 썼죠. 교수님도 아시다시피, 자르주엘라스는 드라마와 비슷한 점이 많습니다. 1938년 이후 세브리노 레예스는 그러한 글을 쓰기 시작했는데, 아동용이라고 하기는 어렵습니다. 저도 1938~1942년 사이에 나왔던 드라마들을 다시 기억하긴 어렵더군요.

권: 세브리노 레예스의 글쓰기에 왜 그런 변화가 생겼을까요?

벨렌: 아마도 시대가 변해서 그럴 겁니다. 그가 느끼는 점이 변한 것일 수도 있고 그의 삶에 어떤 일이 일어났거나 그 당시 우리나라에 무슨 일이 일어난 것일 수도 있죠. 마술은 결코 끝나지 않는 이야기이지만, 그는 다시 현실로 돌아와 드라마와 비슷한 이야기를 썼습니다.

권: 세브리노 레예스가 현실적인 이야기보단 마술을 쓰는 이야기를 더 좋아했습니까?

벨렌: 음, 그는 그러한 문체들을 "Mga Kuwento ni Lola Basyang"에 사용했습니다. 그에게 있어서 동화의 화자 '바샹 할머니'의 모델이 되었던 할머니(도냐 제르바시아 구즈만 데 자모라)가 아이들에게 이야기를 들려주는 모습이 마법처럼 보였을지도 모릅니다. 그러한 광경은 그가 어린 시절 들었던 옛이야기와 설화들을 생각나게 한 것일 수도 있죠. 하지만 그 시간도

끝이 났습니다. 마법이 끝이 난 것이죠. 그는 다시 현실로 돌아왔고, 아마 그때가 필리핀에 태평양 전쟁이 일어나기 일보 직전이었을 것입니다. 아마 그것이 그의 문체에 영향을 끼쳤을 수도 있죠.

권: 출판된 책에는 유난히 공주, 왕자들의 이야기가 많습니다. 원작에 이런 주인공 이야기가 많은 것인지, 아니면 편집자 선생님(크리스틴 벨렌)께서 이런 작품들을 좋아해서 많이 선정한 것입니까? 1997년판(타하난)에 실려 있는 〈마리아와 게〉, 〈산티아고 카락다그〉, 〈영리한 펜두코〉, 〈잊힌 공주〉, 〈두 도둑〉, 〈착한 페드로〉와 같은 작품은 왕자, 공주가 아니라, 서민이나 어린이들을 주인공으로 한 작품들입니다. 현실감 있는 이야기죠. 지금 이런 작품은 인기가 없습니까?

벨렌: 저는 아동들이 읽을 글을 쓰고, 제 독자층은 아동입니다. 제가 주인공들을 아동으로 나타내기 때문에 제 독자들은 이야기에 더욱 집중할 수 있죠. 그래서 이런 종류의 이야기를 고른 겁니다. 모험이나 판타지 같은 이야기들을 제쳐 두더라도 아이들은 이야기의 주인공과 자신을 동일시합니다. 제 분야는 매우 구체적입니다. 제 지식 분야는 아동문학이기에 저는 아이들이 읽을 글을 쓰지요. 이 작품(바상 할머니 이야기)은 오직 아이들만을 위한 것은 아닙니다. 세브리노 레예스의 작품은 할머니가 아이들에게 이야기를 말해 주는 방식으로 시작됩니다. 하지만 그는 이 이야기들이 그저 아이들만을 위한 것이라 생각하지 않았습니다. 제 논문에 중

국에서 온 이민자도 타갈로그어를 배우기 위해 《리와이와이》 잡지를 보았다는 내용이 있습니다. 그곳에서 제가 인터뷰를 했었는데, 중국인들도 바샹 할머니 이야기들이 중국의 동화나 설화와 비슷한 점이 있어 이해하기 쉽다 하더군요. 저는 중국에서 이민 와 《리와이와이》 잡지로 타갈로그어를 배운 노인들을 인터뷰했습니다. 그래서 이 이야기는 아이들만을 위한 것은 아닙니다. 하지만 제 분야가 아동문학이기에 저는 아이들을 염두에 두고 글을 쓰긴 합니다. 그리고 이야기들을 볼 때, 전 어떤 이야기들을 아이들이 자신과 동일시할 수 있는지, 어떠한 교훈을 줄 수 있는지를 생각합니다. 우리 문화유산의 중요성이라든지, 언어라든지, 그리고 상상력이라든지 ….

권: 교수님의 전공 분야가 아동문학이기에 교수님이 편집한 책들의 주인공이 대부분 어린 소년, 소녀이거나 왕자, 공주가 많은 게 아닌가 합니다.

벨렌: 어떤 이야기들은 설화와 어우러져 아이들은 그 이야기의 주인공이 아이가 아닐지라도 주인공과 자신을 동일시할 수 있습니다. 예를 들어 〈착한 페드로〉의 주인공 페드로는 정의감, 용기, 희생, 그리고 어머니에 대한 효심을 가지고 있죠. 이 이야기의 성격은 설화처럼 그려졌습니다. 당연히 이야기의 가치 또한 중요하죠. 제가 생각하기에 〈착한 페드로〉를 좋아하는 독자들은 1997년 타하난 버전을 골랐을 것입니다. 제가 고른 것은 아니에요.

권: 세브리노레예스 출판사(베라 레예스 편, 1975), 타하난(비엔베니도 룸베라 편, 1997), 앤빌(크리스틴 벨렌 편, 2004~2011) 출판사에서 각각 출판한 책들 간의 차이점은 무엇인가요?

벨렌: 먼저 세브리노레예스 출판사(1975)에 대해 이야기하죠. 1975년 출판 작품집의 목록은 페드리토 레예스가 골랐습니다. 그는 아버지의 작품을 수정하지 않고 그대로 출판했습니다. 제가 생각하기에 그가 고른 것은 학생, 어른과 같이 전 연령대가 읽을 만한 것들이었던 것 같습니다. 물론회사는 돈이 될 만한 이야기들을 출판해야죠. 그래서 마케팅 전략도 있었던 것 같습니다. 그리고 그해는 그가 고른 이야기 중 맨 처음 이야기인 〈페리킹의 피리〉가 게재된 지 50년 되는 해였습니다. 이것도 그가 이야기들을 선별하는 기준이었던 것 같습니다.

1997년 타하난 출판사는 하드커버 책을 원했습니다. 타하난 출판사는 주로 서양 고전을 출판하던 곳입니다. 그 출판사는 고급스러운 종이를 사용하고, 출판 내용도 주로 학술적인 것들을 선호했습니다. 그들은 '바샹 할머니 이야기'를 필리핀 문화유산으로 남기는 출판물을 원했던 것으로 보입니다. 그래서 그 출판사는 바샹 할머니 이야기를 영어로 번역해서 출판하려는 생각을 했죠. 그들은 출판 시장을 살피고 바샹 할머니 이야기를 소개했습니다. 1975년판은 더 이상 사용할 수 없었습니다. 찾으려면 도서관을 가야 했죠. 타하난 출판사는 필리핀 전래동화이자 설화인 바샹 할머니 이야기를 다시 한번 시장과 아이들에게, 그리고 일반 대중에게 소개하길 원했습니다. 그게 출판의 이유이지요. 그리고 이 책의 작업을 맡은 사람들은 거장들이었습니다. 그들은 자신들이 그림 형제의 동화나 안데르센 동화 출판과 비교될 만한 작업을 하고 있다고 생각했던 것 같아요.

권: 그렇다면 교수님은 고전적인 이야기가 중요하지 않다고 생각하시나요?

벨렌: 글쎄요, 중요한 건 타하난 출판사가 다시 바샹 할머니 이야기를 출판하려 했다는 점입니다. 바샹 할머니 이야기는 1920∼1930년대에 출판되었다는 점에서 '고전'입니다. 그 출판사는 이 이야기를 일반 대중들도 읽을 수 있게 만들고 싶어 했고요. 하지만 책이 비싸 모든 사람이 그 책을 사 보진 못했습니다. 그래서 유명하지 않은 것이죠. 하지만 타하난 출판사가 우리 필리핀의 문화유산을 살린 점은 가히 칭찬할 만한 점입니다. 이 문학(바샹 할머니 이야기)은 우리 필리핀의 역사이고, 문화유산이죠.

권: 앤빌 출판사에서 출판한 책(2004∼2011)에 대해 이야기해 주시겠습니까?

벨렌: 제가 생각하기에 제가 편집한 책이 나왔을 때 '바샹 할머니 이야기'가 대중화된 것 같습니다. 이 그림책은 100페소도 되지 않습니다(82페소, 원화로 1,800원 정도임). 그래서 많이 팔릴 수 있었습니다. 집집마다 한 권씩은 책을 살 수 있었죠. 덕분에 전 바샹 할머니 이야기를 연극과 발레 공

연으로도 각색할 수 있었습니다. 이제 필리핀에서 '롤라 바샹(바샹 할머니)'은 하나의 아이콘입니다. 그런데 필리핀 사람을 잡고 세브리노 레예스에 대해 묻잖아요? 대부분 대답하지 못합니다. 사람들은 바샹 할머니만 알지, 세브리노 레예스에 대해선 전혀 모릅니다. 어쩌면 출판자는 이것이 우리의 문화라고 생각할지도 모르죠. 바샹 할머니 이야기는 우리 필리핀 대중들이 알아야 할 대표적인 고전문학입니다. 그래서 앤빌 출판사는 비싸지 않은 버전을 만들었고, 시간이 지나면서 바샹 할머니 이야기는 TV나 라디오 같은 매체에도 나왔습니다. 더 많은 필리핀 사람들이 바샹 할머니 이야기를 알게 되었죠.

권: 타하난 출판사가 1997년 책을 내고, 두 번째 책을 출판한다고 했는데, 그렇게 하지 않은 이유는 무엇일까요?

벨렌: 저도 잘 알지는 못합니다. 아마도 수준이 높은 책이라 그럴 수 있지요. 그 책은 주로 상류층 집안이나 학계에서 관심을 갖는 책이었습니다. 독자층이 한정되었다는 거죠. 아마도 그래서 두 번째 책을 출판할 생각이 없지 않았을까요?

권: 크리스틴 벨렌 교수님의 출판물과 다른 매체로의 전환에 대해 말씀해 주시지요.

벨렌: 사실 타하난 출판사는 처음에 저에게 작업을 제안했는데, 실제 프로젝트가 진행되진 않았습니다. 다음으로 앤빌 출판사와 처음 만났을 때, 그들은 저에게 신문에 글을 내라고 하더군요. 그래서 저는 "안 됩니다. 그렇게는 못해요!"라고 말했습니다. 그 글은 바샹 할머니 이야기를 다시 옮기는 정도였거든요. 저는 그 이야기가 아주 제대로 출판되었으면 했습니다. 그랬더니 그들이 "그렇다면 그 방법은 어떤 것입니까?"라고 묻더군요. 저는 그림책 출판을 제안했습니다. 그렇게 해서 그림책 시리즈가 출판되었던 것입니다. 먼저 다섯 종의 책을 만들어 팔았습니다. 대중들의 반응이 좋자 그들은 제게 또 다른 책을 출판할 수 있는 기회를 주었습니다. 그리고 다른 매체가 바샹 할머니 이야기에 관심 가지는 것을 본 앤빌 출판사는 제게 아동용 뮤지컬 대본을 써 보라고 했습니다. 그리고 TV 방송국도 작품들을 드라마로 만들기 위해 저를 불렀습니다.

(사미아 학생이 정리한 내용: 벨렌 교수님은 바샹 할머니 이야기가 매우 수준 낮아 보일까 봐 신문에 내는 것을 원치 않았습니다. 교수님은 사람들이 간직할 수 있는 높은 수준의 이야기로 출판되길 원했습니다. 책의 인기가 올라가면서 교수님은 아이들을 위한 뮤지컬 대본을 쓰고 바샹 할머니 이야기를 TV 프로그램에 내는 컨설턴트 제안을 받았습니다.)

권: '바샹 할머니 이야기'의 장르는 무엇인가요? story, tales, fairy tale, 이 중에 어떤 것에 가깝습니까? 바샹 할머니 이야기 작품들의 길이가 좀 길

고, 내용도 복잡한 것 같습니다. 이는 "자신이 민담이나 고전 원작에 충실하였다"는 작가의 말과 다른 점으로 보입니다. '바상 할머니 이야기'가 필리핀 민담이든, 외국 작품을 텍스트로 하였든 간에, 원작에 충실했다고 말할 수 있을까요? 제 생각에는 아닐 수도 있는 것 같습니다만 ….

벨렌: 세브리노 레예스는 예전의 동화와 설화를 재화(retelling)하는 스타일을 선택했습니다. 1997년본은 그런 작품들을 많이 골랐죠. 이야기의 내용이 서양의 것과 비슷하다는 이유로 '원본에 충실하지 않다'고 판단하는 건, 사실과 다릅니다. 이 이야기는 모든 것을 융합한 것이거든요. 이 작품에서 더욱 중요한 것은 필리핀의 감성입니다. 그(세브리노 레예스)가 쓴 글은 비록 그 설정이 이국적이라 할지라도 필리핀 사람들이 동일시할 수 있었다는 것입니다. 그는 서양과 필리핀을 융합시켰어요. 그리고 그것을 우리만의 것으로 만들었습니다. 탈식민지 이론에선 이를 '전용(appropriation)'이라 부르더군요. 권 교수님이 생각하는 서양의 영향력이 어떤 것이든 세브리노 레예스는 그것을 우리 문화와 언어, 그리고 감성으로 전용하였습니다.

권: 선생님께서 쓰신 "Tara na sa entablado!"(연극용으로 각색한 바상 할머니 이야기)에 쓰인 문장은 아이들의 연극에 쓰인 문장인가요? 저는 이 문장이 매우 흥미롭다고 생각했습니다.

그림 10 2017년 7월 14일, 아테네오 대학 연구실에서 크리스틴 벨렌 교수와 저자.

벨렌: 감사합니다. (시간이 없어 답변 생략)

※ 예정된 시간이 다해서 인터뷰는 여기서 종료되었다. 인터뷰가 끝
  나고 점심식사를 같이하면서 미진한 이야기, 개인적인 이야기도
  더 나눌 수 있었다. 우리는 다시 만날 수 있기를 기약하였다. 대학
  식당에서 아테네오 대학 교수들의 인상, 얼굴을 관찰하는 것도 흥
  미로웠다. '인구 1억의 필리핀을 대표하는 지성이겠구나'라고 생각
  하였다.
  처음 만난 한국 연구자에게 친절하게 답변해 주신 크리스틴 벨렌
  교수에게 감사드린다. 인터뷰하는 내용을 다 기록하고 문서로 남
  겨 준 사미아 양에게 감사의 마음을 전한다. 사미아 양을 만난 건

필리핀 국민동화 바샹 할머니 이야기

그림 11 UP 릴리 로즈 토페 교수와 저자.   그림 12 UP 롬멜 로드리게스 교수와 저자.

정말 행운이었다. 그 학생은 내가 하고 싶은 일들이 무엇인지 이해했고, 몇 주밖에 안 되는 짧은 시간 동안 내가 그 일들을 할 수 있도록 열심히 도와주었다.

UP에서 방문연구를 할 수 있도록 도와주신 릴리 로즈 토페 교수님, 필리핀 문학과 세브리노 레예스에 관해 전반적으로 소개해 주신 UP의 롬멜 로드리게스 교수님께도 감사드린다.

표 1 1925년 수록 작품 목록(23회 16종)

번호	한국어 제목	타갈로그어 제목	영어 제목
1	페리킹의 피리	Ang Plautin ni Periking	Periking's flute
2	사랑으로 구원받다	Inligtas ng Pag-ibig	Saved by love
3	페드로 신부의 해골 군대	Hukbo ni Padre Pedro	Father Pedro's army
4	죽었다 다시 살아난 사람	Ang Patay na Muling Nabuhay	The dead who lived again
5	사람은 사람, 원숭이는 원숭이	Ang Tao ay Tao at ang Unggoy ay Unggoy	A human is a human, and a monkey is a monkey
6	주기도문의 가치	Ama Namin	The Lord's prayer
7	마리아 마킬링	Mariang Makiling(3회)	Maria Makiling
8	난쟁이의 복수	Ang Higanti ng Duende	The revenge of the dwarf
9	하느님이 되려는 열망	Ibig Maging Dios(2회)	Desire to become God
10	황금 산의 왕	Ang Hari sa Bundok na Ginto	The king of the golden mountain
11	파식강 소용돌이에 사는 인어	Ang Sirena sa Uli-Uli ng Ilog Pasig	The mermaid in the pool of the Pasig river
12	죽은 여인에게서 태어난 아이	Ang Anak ng Patay(3회)	The child of the dead
13	왕자가 된 거지	Ang Pulubing Naging Prinsipe(2회)	The beggar who became a prince
14	세 왕자	Ang Tatlong Prinsipe(2회)	The three princes
15	생명을 준 선물	Ang Aginaldong Nagbigay Buhay	The gift that gives life
16	두 도둑	Ang Dalawang Magnanakaw (1회)	The two thieves

표 2 1926년 수록 작품 목록(52회 30종)

번호	한국어 제목	타갈로그어 제목	영어 제목
1	두 도둑	Ang Dalawang Magnanakaw (2)	The two thieves
2	아버지의 세 가지 충고	Ang Tatlong Tagubilin ng Isang Ama(2회)	Three wise words of a father
3	거지와 결혼한 공주	Ang Prinsesang Naging Pulubi (2회)	The princess who become a beggar
4	아딴의 유물	Ang Relikaryo ni Attani	Attani's relic
5	악당 후안	Juan Tampalasan(2회)	Villain John
6	공주가 된 시골 소녀	Dalagang Bukid na Naging Prinsesa(2회)	Country girl who became a princess
7	어떤 거지의 사연	Kasaysayan ng Isang Pulubi	The history of one beggar
8	두 친구	Ang Dalawang Magkaibigan (3회)	Two friends
9	왕이 된 거지의 아들	Ang Anak ng Pulubing Naging Hari(3회)	The son of a beggar who became a king
10	마우로 론세스바예스 장군	Si Mauro Roncesvalles(2회)	General Mouro Roncesvalles
11	악마	Ang Pakto	The monster
12	외국에서 부자가 된 첫 번째 필리핀 사람	Ang Unang Pilipinong Yumaman sa Ibang Lupain	The first Filipino who became rich in another country
13	마법에 걸린 여자	Ang Babaing Mahiwaga	The enchanted lady
14	병약한 왕자	Ang Prinsipeng Masasakitin (2회)	The sickly prince
15	악마의 손	Kamay ni Satanas(2회)	The hand of satan
16	마법 대장간	Ang Mahiwagang Pandayan (2회)	The enchaned forge
17	돈 페드로의 복수	Higanti ni D. Pedro	Don Pedro's revenge
18	지도자 코스메	Si Kabisang Kosme (2회)	Leader Kosme
19	크리스핀과 미카엘	Si Krispin at si Mikael(2회)	Krispin and Mikael
20	길고 두껍게 땋은 머리카락	Ang Tirintas Malago at Mahabang Buhok	The long, thick and braied hair
21	잔인한 왕	Ang Haring Malupit(3회)	The cruel king
22	용서받지 못한 자	Hindi Pinatawad	Not forgiven

23	마법에 걸린 친구들	Mahiwagang Kaibigan(2회)	Enchanted friends
24	노인 카를로스	Tandang Karlos Buntot Page (2회)	Old man Karlos
25	겁 없는 페드로	Si Pedrong Walang Takot(2회)	Fearless Pedro
26	잉공 불로	Si Inggong Bulo(2회)	Inggong Bulo
27	예수의 친구들	Ang Kaibigan ni Kristo(2회)	The friends of Christ
28	착한 아이, 악한 연인	Mabuting Anak, Masamang Katipan	Good child, bad lover
29	설날 음식을 위해	Pang Media Noche	For new year foods
30	아이의 복수	Ipinaghiganti ng Anak	Revenge of a child
31	신비한 장미	Rosa Mistica(=1932.12.23~30)	A mysterious rose

표 3 1927년 수록 작품 목록(52회 33종)

번호	한국어 제목	타갈로그어 제목	영어 제목
1	마법에 걸린 꼽추	Mahiwagang Kuba(2회)	The enchanted Hunchback
2	제빵사의 등불	Mga Ilaw ng Panadero(2회)	Lights of a baker
3	정의의 손	Ang Kamay ng Katarungan (2회)	The hand of justice
4	학대받은 영혼의 기억	Alaala ng Isang Inaping Kaluluwa	Memories of an abused soul
5	말하는 해골	Ang Kalansay na Nangungusap	The talking skeleton
6	극심한 질병의 특별한 치료법	Sa Mahihigpit na Karamdaman, Mga Dakilang Panlunas(2회)	In extreme sickness, there are great cures
7	해독제	Panlunas	Cure
8	죄와 벌	Dala ng Kasalanan ang Kaparusahan(2회)	Sin and punishment
9		In Hoc Signo Vinces(2회)	In Hoc Signo Vinces
10	새로운 '정의로운 구즈만 장군'	Ang Bagong Guzman El Bueno(3회)	The new "righteous Guzman"
11	마녀에게 속은 사람	Pinaglaruan ng Ada(2회)	Fooled by an enchantress

12	신이 자극한 양심	Budhing Kinatog ni Bathala (3회)	Conscience trembled by God
13	결혼선물	Isang Regalo De Boda(2회)	A wedding present
14	산 페드로의 고난	Ang Kaligaligan ni San Pedro	The troubles of San Pedro
15	마법 반지	Ang Mahiwagang Singsing (2회)	The enchanted ring
16	어머니가 없는 사람	Walang Ina	No mother
17	소녀 도적	Ang Dalagang Tulisan(2회)	The lady bandit
18	유일한 즐거움	Ang Tanging Nakaaaliw	The only entertaining
19	아름다운 포로	Ang Magandang Bihag	The beautiful prisoner
20	흰머리의 마리아	Si Mariang Puting Buhok	Maria with white hair
21	의사 루카스	Ang Medikong Lukas	The doctor Lukas
22	이 아이는 내 아이입니다	Anak ko Iyan(2회)	That's my child
23	바람둥이?	Ang Kiri?(2회)	The flirt?
24	디오게네스의 등불	Ang Parol ni Diogenes	Diogenes' parol
25	솔로몬의 두 번째 재판	Ang Ikalawang Hatol ni Solomon	Solomon's second judgement
26	누구도 포기할 수 없다 (돌로 변한 후안)	Ang Di Maitakwil Nino Man	No one can abandon
27	도난당한 전화	Ang Asawang Kaluluwa	The stolen telephone
28	남편의 영혼	Ang Tatak na Nagpaparatang(2회)	The soul of husband
29	고발당한 상표	Si Pedrong Mabait	The brand that accuses
30	착한 페드로	Si Pedrong Mabait	Good Pedro
31	신이 축복하신다면	Kung Magpala ang Dios	If God is blessed
32	아이의 심장	Ang Puso ng Isang Anak	The heart of a child
33	목이 잘린 아니타	Anitang Putol(4회)	Beheaded Anita

표 4 1928년 수록 작품 목록(52회 29종)

번호	한국어 제목	타갈로그어 제목	영어 제목
1	목이 잘린 아니타	Anitang Putol(3회)	Beheaded Anita
2	두 예술가	Dalawang Artista	Two artists
3	두 세력의 한가운데	Sa Gitna ng Dalawang Lakas	In the middle of two forces
4	영원한 과부	Balo Habang Buhay	Widow forever
5	죽은 사람의 이야기	Ang Sumbong ng Patay	The story of the dead
6	연인	Ang Katipan	The lover
7	지불 보류	Ang Nagbayad sa Piangpahamkan(3회)	Payment hold
8	5228번	Numero 5228(2회)	Number 5228
9	그는 자기 목숨을 위태롭게 했나?	Pinuhunan Kaya ang Sariling Buhay?	Did he risk his life?
10	소중한 축복	Mahalagang Gantingpala(2)	Important blessing
11	데콜라	Si Dekola	Dekola
12	위대한 영혼	Kaluluwang Dakila(3회)	Great soul
13	하느님의 용서	Pinatawad ni Bathala	Forgiven by God
14	무서운 저주	Ang Parusang Kakilakilabot	The frightening curse
15	숨겨진 상처	May Lihim na Sugat(4회)	Hidden wound
16	성령의 살아 있는 이미지	Ang Larawang Buhay ng Espiritu Santo(2회)	The living image of the holy spirit
17	두 눈물	Dalawang Luha(2회)	Two tears
18	나티의 사랑 노래	Ang Kundiman ni Naty(5회)	Naty's love song
19	운명의 눈물	Luha ng Kapalaran(2회)	Tear of fate
20	하느님의 뜻이라면 꿈꾸라	Ang Panaginip kung Itulot ng Dios	The dream if it is God's will
21	어머니의 사랑	Ang Pag-ibig ng Isang Ina	The love of a mother
22	잠들지 않는 하느님	Ang Dios ay Hindi Natutulog (2회)	God never sleeps

23	기적	Himala	Miracle
24	빚이 없으면 갚을 필요 없다	Ang Walang Utang, Di Dapat Magbayad	If no debt, do not pay
25	후안의 새들백	Kabalyas ni Juan(2회)	Juan's saddlebag
26	새로운 몬테 크리스토 백작	Ang Bagong Konde ng Monte Kristo	The new count of Monte Cristo
27	극장의 꽃 두 송이	Dalawang Bulaklak sa Dulaan	The flowers in the play
28	상상	Katakata	Imagination
29	역사적인 크리스마스	Isang Paskong Pangkasaysayan	A christmas to remember
30	세 위대한 왕	Ang Tatlong Haring Mago (3회)	The tree mage kings

표 5 1929년 수록 작품 목록(51회 31종)

번호	한국어 제목	타갈로그어 제목	영어 제목
1	세 위대한 왕	Ang Tatlong Haring Mago(5회)	The tree mage kings
2	화재에 대한 두려움	Natakot sa Sunog	Scared by fire
3	커다란 황금 마차	Ang Karosang Ginto(2회)	A big golden carriage
4	도적의 마을	Tulisang Bayan(2회)	Bandit's town
5	여덟 명의 장님	Ang Walong Bulag	The eight blind people
6	죄 많은 영혼	Kaluluwang Makasalanan	Sinful soul
7	아콩 에키트(엉터리 점쟁이)	Si Akong Ekit(2회)	Akong Akit
8	위대한 마음으로	May Dakilang Puso(3)	With a great heart
9	필리핀의 세 왕자	Ang Tatlong Prinsiping Pilipino (3회)	The three filipino prince
10	두 번째로 묶인 마음	Mga Pusong Makalwang Pinagtali	Hearts tied for the second time around
11	천국의 사기꾼	Lokohan Sa Langit	A cheat of heaven
12	방황하는 영혼	Mga Kaluluwang Nagpalipatlipat	Wandering soul

13	하느님의 정의와 사람의 정의	Ang Katarungan ng Dios at Ang Katarungan ng Tao	The justice of God and the justice people
14	귀신에 홀린 남자	Sandaling Naengkanto	Enchanted for a moment or briefly enchanted
15	질투	Ang Pangimbulo	Jeolousy
16	구세주	Ang Manunubos(2회)	The redeemer
17	운명	Ang Kapalaran ay Kapalaran (2회)	Fate is fate
18	모욕당한 축복	Ang Aping Pinagpala(2회)	The blessed abused
19	영리한 도둑	Matalinong Magnanakaw	Clever thief
20	거룩한 조언	Banal na Tagubilin	Holy words/advice
21	왕을 물리친 하녀	Binibining Tumalo sa Mahal na Hari	The lady who defeated the beloved kings
22	손	Ang Kamay	The hand
23	악어	Mga Buwaya	Crocodiles
24	신비한 손님	Ang Mahiwagang Mananangkilik	The mysterious consumer
25	세 왕들의 왕	Ang Hari ng Tatlong Hari(3회)	The king of three kings
26	잔인한 뱀의 휘파람	Ang Sipol ng Malupit na Ahas	The whistle of a cruel snake
27	하느님의 처벌	Ang Higanti ni Bathala, Sinasadya	The revenge of God
28	산티아고 카락다그	Santiago Karagdag (2회)	Santiago Karagdag
29	일곱 얼간이	Ang Pitong Tarantado	The seven idiots
30	하느님의 두 사자	Dalawang Sugo ng Dios(2회)	Two messengers of God
31	독자	Ang Nakalabasa	The reader
32	큰 죄를 지은 무슬림	Ang Morong Tampalasan(2회)	The felonious muslim

표 6　1930년 수록 작품 목록(26회 12종, 7~12월 자료 없음)

번호	한국어 제목	타갈로그어 제목	영어 제목
1	비단뱀의 보석	Sula ng Sawa(4회)	The python's gem
2	왕자 모세	Ang Prinsipe Moises	Prince Moses
3	사랑에는 형제도 없다	Sa Pag-ibig ay Walang Kapakapatid(2회)	In love, there is no brotherhood
4	철로	Sa Daang Bakal	Railway
5	철로에서 죽은 채 발견된 사람의 이야기	Ang Kasaysayan ng Taong Nakuhang Patay sa Daang Bakal	The history of the person found dead at the railway
6	마리아 시누콴의 사랑	Ang Pag-ibig ni Maryang Sinukuan(5회)	The love of Mariang Sinukwan
7	타고난 지혜	Ang Katalinuhang Likas	In born intelligence
8	대출금지	Huwag Kang Manghiram	Do not borrow
9	마리아 세 자매의 남동생	Ang Kapatid ng Tatlong Marya(5회)	The brother of the three Marias
10	황소를 사람이라고 생각하는 사람들	Ang Tingin sa Baka'y Tao(2회)	They think the cow is human
11	원숭이 왕자	Ang Prinsipeng Unggoy	The monkey prince
12	페드로의 탐욕과 후안의 원숭이	Si Pedrong Masakim at Si Juan Matsing	Pedro's greed and Juan's monkey

표 7　1931년 수록 작품 목록(28회 19종, 1~5월 자료 없음)

번호	한국어 제목	타갈로그어 제목	영어 제목
1	황금 머리카락을 지닌 공주	Ang Prinsesang ang Buhok ay Ginto(2)	The princess with golden hair
2	유령	Ang Multo	The ghost
3	조직적인 훈련	Ang Samahang Trining(2회)	Organizational training
4	황금새	Ang Ibong Ginto(2)	The golden bird
5	누구의 머리가 잘릴까? (술탄 사이프)	Sino ang Dapat Pugutan?	Whose head will roll? (Sultan Saif)
6	난쟁이의 성	Ang Palasio ng mga Duende	The palace of the dwarves

7	진실한 정의	Tunay Kayang Katarungan	True justice
8	솔로몬의 지혜	Ang Solomong Tagailog	Solomon from the river
9	두려움 없는 필리핀 사람	Ang Pilipinong Di Maalam Matakot(2회)	Fearless filipino
10	흑인의 피	Ang Dugo ng Negro	Negro's blood
11	열두 명의 쾌활한 공주	Mga Masasayang Prinsesa (2회)	Twelve merry princesses
12	얼간이 도적	Ang Tulisang Pulpol	The dumb bandit
13	난쟁이의 여왕	Ang Reyna ng mga Duwende (2회)	The queen of the dwarves
14	지도자 거스팅의 등장	Lumalabas si Kabisang Gusting	Kabisang Gusting is coming
15	유죄 판결을 받은 여왕	Ang Reyna Sentensiada(2회)	The queen who was sentenced
16	영리한 펜두코	Si Pendukong Matalino	Clever Penduko
17	운명의 피아노	Ang Piano ng Kapalaran(2회)	The piano of fate
18	운명적인 선물	Aginaldong Nakamamatay	The fatal gift
19	여왕의 열세 개 에메랄드	Ang Labintatlong Esmeralda ng Reyna(2회)	The thirteen emerald of the queen

표 8 1932년 수록 작품 목록(18회 11종, 1~8월 자료 없음)

번호	한국어 제목	타갈로그어 제목	영어 제목
1	두 대식가의 종말	Wakas ng Dalawang Masiba	The end of the two gluttons
2	하느님의 처벌	Parusa ng Dios(2회)	God's punishment
3	행복은 황금에 있지 않다	Ang Kaligayahan ay Wala sa Ginto	Happiness is not in gold
4	네 개의 정의	Ang Apat na Katarungan(2회)	The four justices
5	학대당한 여인의 비극	Luwalhati nang Inaping Babae(2회)	The misery of the abused woman
6	새들의 왕자	Ang Prinsipeng Ibon(2회)	The prince of birds
7	일곱 마리 검은 새	Pitong Ibong Itim (2회)	Seven black birds

8	아무도 없다	Walang Turing(2회)	No other
9	돌아오는 중	Pagbabalik-Loob	Returning back
10	두 대의 구급차 (크리스마스 이야기)	Dalawang Ambulansya (Kuwentong Pamasko)	Two ambulances
11	신비로운 장미	Rosa Mistica(2회)	A mysterious rose

표 9 1933년 수록 작품 목록(50회 29종)

번호	한국어 제목	타갈로그어 제목	영어 제목
1	도전으로 인해	Dahil sa Hamon	Because of challenge
2	큰 축복을 받은 사람	Ang Lalong Mapalad	The very blessed
3	악마의 휘파람	Pasuwit ng Demonyo(2회)	Whistle of the demon
4	사랑하기 때문에	Dahil sa Pag-ibig(2회)	Because of love
5	진실과 정의	Katalagahan at Katarungan (2회)	Truth and justice
6	일곱 여왕들의 왕자	Prinsepeng Anak nang Pitong Reyna(2회)	The prince of seven queens
7	어려운 도전	Mahigpit na Pagsubok(2회)	Difficult challenge
8	영혼이 없는 사람	Walang Kaluluwa	No soul
9	올바른 판결	Matuwid na Hatol(2회)	Fair decision
10	고분고분한 아들	Masunuring Anak(2회)	Obedient child
11	사랑의 힘	Lakas nang Pag-ibig(2회)	The power of love
12	무역풍이 거세지면	Nang Magalit ang Sabalas	When the trade wind get angry
13	아이를 위한 복수	Higanti nang Anak(2회)	Revenge of a child
14	거만한 공주	Ang Palalong Prinsesa(2회)	The boastful princess
15	요정의 보은	Gantingpala nang Engkantada (2회)	Fairy's reward
16	잔인한 마녀	Malupit na Bruha	The cruel witch

17	바탕간산의 왕	Ang Hari sa Bundok nang Batangan(2회)	The king of Mt, Batangan
18	날카로운 마음	Sa Talas nang Isip	Sharp mind
19	위대한 멍청이	Ang Dakilang Ulol	The great idiot
20	도둑의 보은	Gantingpala ng Magnanakaw (2회)	Thief's reward
21	요정의 저주	Sumpa nang Engkantada	Fairy's curse
22	저주받은 공주의 운명	Kapalaran nang Sumpang Prinsesa(3회)	Fate of the cursed princess
23	사악한 괴물	Malupit na Asuang (2회)	Wicked monster
24	코가 긴 왕자	Prinsipeng Mahaba ang Ilong (2회)	The prince with a long nose
25	하느님의 구원	Tinangkilik nang Diyos(2회)	Found by God
26	규칙	Norma(2회)	Rule
27	지혜 겨루기	Nagtunggaling Karunungan (2회)	Competing knowledge
28	메시아의 기적	Isang Milagro nang Mesias	The miracle of the Messiah
29	얼간이 왕자	Ang Gunggong na Prinsipe (2회)	The dumb prince

※ 1934년 수록 작품은 확인할 수 없음.

표 10   1935년 수록 작품 목록(12회 6종, 1~9월 자료 없음)

번호	한국어 제목	타갈로그어 제목	영어 제목
1	도전	Pagsubok	Challenge
2	비단의 발견	Nang Matuklasan ang Seda (2회)	When the silk was found
3	암보토의 마녀	Mangkukulam sa Amboto(4회)	Witch of Amboto
4	까다로운 왕자	Prinsepeng Mapaghanap(3회)	The finicky prince
5	황혼	Takip—silim	Twilight
6	선에 대한 보상	Kapalit ng Kabutihan(1회)	In exchange for goodness

필리핀 국민동화 바샹 할머니 이야기

표 11 1936년 수록 작품 목록(51회 26종)

번호	한국어 제목	타갈로그어 제목	영어 제목
1	선에 대한 보상	Kapalit ng Kabutihan(1회)	In exchange for goodness
2	악마의 요정	Diwata ng Kasamaan(2회)	The fairy of evil
3	생명의 꽃	Bulaklak ng Buhay(2회)	Flower of life
4	태양의 꽃	Bulaklak ng Araw(2회)	Flower of the sun
5	즐거운 시간 보내세요	Tinatangkilik ng Mabuti(2회)	Good to enjoy
6	릴리푸트의 마을	Ang Bayan ng Liliput(2회)	The town of Liliput
7	숲속의 별	Bituin sa Gubat(2회)	Star in the forest
8	영리한 배신자	Matalinong Taksil(2회)	Clever traitor
9	막내왕자	Ang Bunsong Prinsipe(2회)	The youngest prince
10	거인의 마을	Bayan ng mga Higante(2회)	Country of the giants
11	아돌포의 나팔	Adolpong Korneta(2회)	Adolpo's trumpet
12	게으른 공주	Tamad na Prinsesa(2회)	Lazy princess
13	그것이 맞습니까?	Tama na Ba?(2회)	Is it right?
14	스파이 앵무새	Tiktik na Loro(2회)	The spy parrot
15	고아	Mga Ulila(2회)	The abandoned
16	바토 발라니의 산	Bundok ng Bato Balani(2회)	The mountain of Bato Balani
17	운명과 위험	Si Kapalaran at Si Kapahamakan(2회)	Fate and danger
18	두 왕의 전투	Labanan ng Dalawang Hari (2회)	The battle of two kings
19	사악한 징벌	Malupit na Parusa(2회)	Wicked punishment
20	쾌활한 군인	Ang Pilyong Sundalo	The mischievous soldier
21	뻔뻔한 두 사람	Dalawang Walanghiya(2회)	Two shameless people
22	운명에 대한 두려움	Kinalog ng Kapalaran(2회)	Fear of destiny

23	변태신사	Maginoong Bayardo(2회)	The gentleman pervert
24	무정한 사람	Walang Puso(2회)	Heartless
25	감옥에 갇힌 마녀	Ang Bilanggong Mangkukulam(2회)	The imprisoned witch
26	대머리공주	Prinsesang Kalbo(2회)	Bald princess
27	비겁한 사람	Ang Duwag(1)	The coward

표 12 1937년 수록 작품 목록(49회 26종)

번호	한국어 제목	타갈로그어 제목	영어 제목
1	비겁한 사람	Ang Duwag(1)	The coward
2	황금심장과 돌심장	Pusong Ginto at Pusong Bato (2회)	Golden heart and stone heart
3	마법의 바이올린	Bioling Mahiwaga(2회)	Enchanted violin
4	블랑카와 로사	Si Blanka ar si Rosa(2회)	Blanka and Rosa
5	공주들의 학교	Paaralan ng mga Prinsesa	School of princesses
6	짓궂은 것은 나빠	Masama ang Palabiro(2회)	It's bad to be mischievous
7	알레한드로의 운명	Kapalaran ni Alejandro(2회)	Alejandro's fate
8	루카스의 복수	Higanti ni Lukas(2회)	Lukas's revenge
9	사악한 용	Malupit na Dragon	Wicked dragon
10	고백과 법률	Ang Kumpisalan at ang Batas (2회)	The confession and the law
11	공정한 도전	Sinusubok Lamang	A fair challenge
12	선한 농담	Magandang Biro(2회)	A good joke
13	용감한 페드로	Pedrong Matapang(2회)	Brave Pedro
14	왕이 존경한 사람	Kinatuwaan ng Hari(2회)	Adored by the king
15	배신한 형제	Taksil na Kapatid	The sibling who betrayed

16	선행에 대한 보답	Ganting—Pala ng Mabuti (2회)	A reward of good works
17	친애하는 왕이시여	Ang Mahal sa Hari (2회)	The beloved king
18	충성스러운 하인	Tapat na Utusan (2회)	A loyal servant
19	어리석은 아이	Ang Ulol na Anak (2회)	The foolish child
20	위대한 사랑	Dakilang Pag—ibig (2회)	Great love
21	불안한 토리비오	Toribiong Malikot (2회)	Restless Toribio
22	운명	Kapalaran (2회)	Destiny
23	요정의 냄비	Kaserola ng Engkantada (2회)	Fairy's pot
24	사랑의 요정	Diwata ng Pag—ibig (2회)	Fairy of love
25	오펠리아	Ofelia (2회)	Ofelia
26	16년	16 na Taon (2회)	16 years
27	레오니다스	Leonidas	Leonidas

표 13 1938년 수록 작품 목록(47회 28종)

번호	한국어 제목	타갈로그어 제목	영어 제목
1	불에 탄 시체	Nasunog ang Klabitute	Burnt body
2	난쟁이	Bulilit	Dwarf
3	클라리타	Clarita	Clarita
4	피리 때문에	Dahi sa Plauta(2회)	Because of flute
5	유럽	Europa(2회)	Europe
6	강요된 사랑	Pilit na Pag—ibig(2회)	Forced Love
7	복수	Paghihiganti(2회)	Vengeance
8	예수와 유다	Si Hesus at Si Hudas(2회)	Jesus and Judas

9	어머니의 복수	Higanti ng Ina	Revenge of mother
10	악마의 처벌	Parusa ng Serpiente(2회)	Serpent's punishment
11	사랑하기 때문에	Dahil sa Pag-ibig(2회)	Because of love
12	사랑의 힘	Lakas ng Pag-ibig	The power of love
13	메모의 힘	Lakas ang Tala	The power of notes
14	사랑	Pag-ibig	Love
15	판도라	Pandora (2회)	Pandora
16	아테네	Atenas	Athens
17	아이에 대한 감사	Salamat sa Anak(2회)	Thanks to a child
18	마리아와 게	Maria Alimango(2회)	Maria Alimango
19	끝나지 않은	Hindi Nakatupad(2회)	Did not finish
20	사자	Leon (2회)	Lion
21	좋은 운명	Kay Gandang Kapalaran(2회)	Good fate
22	뜨거운 눈물	Mabangis na Luha(2회)	Fierce tears
23	나쁜 아이	Masamang Anak(2회)	Bad child
24	무모한 지출	Nagbayad ang Pangahas(2회)	Reckless spending
25	거인의 약속	Pangako ng Higante(2회)	Giant's promise
26	공주의 마법	Prinsesa Kulam	The magic of princess
27	은자의 심판	Parusa ng Ermitanyo(2회)	Hermit's punishment
28	별말씀을!	Walang Ano Man(2회)	You're welcome

표 14 1939년 수록 작품 목록(50회 27종)

번호	한국어 제목	타갈로그어 제목	영어 제목
1	아이에게 갚다	Nagbayad sa Anak(2회)	Pay to a child
2	욕심	Kasakiman(2회)	Greed
3	에피헤니아	Epihenia(2회)	Epihenia
4	희망 없는 운명	Sawing Kapalaran(2회)	A hopeless fate
5	탐욕스러운	Gahaman(2회)	Greedy
6	누가 죄인인가?	Sino ang Maysala(2회)	Who is a sinner?
7	알라의 선물	Kaloob ni Ala(2회)	A gift from Allah
8	긴타로	Kintaro(2회)	Kintaro
9	형제	Magkapatid(2회)	Brother
10		Lino Lido(2회)	Lino Lido
11	쌍둥이의 감정	Kambal na Damdamin	Feelings of twins
12	후회	Pagsisisi(2회)	Regret
13	가짜 희생자	Api-Apihan(2회)	Pretending to be abused
14	천국의 축복	Hulog ng Maykapal(2회)	The blessings of heaven
15	마리아 공주	Prinsesa Maria(2회)	Princess Maria
16	속임수	Napaglalangan(2회)	Trickery
17	천국에 갈 때까지	Hanggang Langit	Until go to heaven
18	실패한 용기	Nabigong Katapangan(2회)	Failed boldness
19	공주의 루비	Ang Rubi ng Prinsesa(2회)	Princess' ruby
20	사악한 공주	Pangahas na Prinsesa(2회)	Wicked princess
21	나쁜 성공	Sayang na Tagumpay(2회)	Bad success
22	검소한 두 사람	Dalawang Kuripot	Two thrifty people

23	위대한 죄인	Makasalanang Dakila(2회)	A great sinner
24	죽음의 소리	Ang Tinig ng Kamatayan	The sound of death
25	용감한 이유	Dahilan sa Katapangan	Brave reason
26	운이 좋은 아헵	Mapalad si Aheb(3회)	Lucky Aheb
27	똑똑한 교사	Matalinong Guro(2회)	A clever teacher

표 15 1940년 수록 작품 목록(48회 22종)

번호	한국어 제목	타갈로그어 제목	영어 제목
1	금지된 사랑	Bawal na Pag−ibig(9회)	Forbidden love
2	착한 아이	Mabuting Anak(2회)	Good kid
3	지혜로운 말	Mabuting Payo(2회)	A wise word
4	공정하지 않다면	Kung Hindi Uukol	If it is not fair
5	운 좋은 양치기	Mapalad na Pastol(3회)	Lucky shepherd
6	첫눈에 반하다	Pag−ibig sa Unang Malas	Love at first sight
7	사악한	Malupit(2회)	Wicked
8	게으른 거지	Tamad na Pulubi(2회)	Lazy beggar
9	대승리	Malaking Tagumpay(2회)	A great victory
10	형제	Magkapatid(2회)	Siblings
11	위대한 친구들	Dakilang Magkaibigan(2회)	Great friends
12	훌륭한 아버지	Mabuting Ama(2회)	A great father
13	위대한 도둑	Dakilang Magnanakaw(2회)	Great thief
14	거짓말쟁이	Sinungaling(2회)	Liar
15	영리한 사람	Ang Katalinuhan(2회)	A clever person

16	페드로의 귀환	Gumanti si Pedro(2회)	Return of Pedro
17		Mabulong Ginto(2회)	
18	창피한	Napahiya(2회)	Embarrassed
19	사악한 재단사	Pangahas na Sastre(2회)	A wicked tailor
20	신비한 쌀 뒷박	Mahiwagang Salop	Mysterious ganta
21	아름다운 기적	Kay Gandang Himala(2회)	A beautiful miracle
22	한 가지 소원	Iisang Hiling	One wish

표 16 1941년 수록 작품 목록(33회 21종)

번호	한국어 제목	타갈로그어 제목	영어 제목
1	행운을 찾아서	Hinanap ang Kapalaran(2회)	In search of fortune
2	착한 청년	Ang Butihing Binata(2회)	A good young man
3	구원받은 사랑	Iniligtas na Pag-ibig(2회)	Saved love
4	고양이의 아내	Asawa ng Pusa(2회)	Cat's wife
5	마술피리	Mahiwagang Plauta(2회)	Magic flute
6	술주정뱅이의 아이	Anak ng Lasing(2회)	Drunkerd's child
7	마지막까지 함께!	Sila rin sa Wakas	Together in the end
8	선에 대한 보상	Kapalit ng Kabutihan(2회)	In exchange for goodness
9	가인의 후손	Lahi ni Cain(2회)	Descendants of Cain
10	착한 아이	Mabuting Anak(2회)	Good child
11	눈물의 목걸이	Kuwintas na Luha	Necklace of tear
12	교활한 공작	Ang Suwitik na Duke	Cunning duke
13	바지를 입은 여왕	Reynang May Salawal	Queen in pants

14	아이에 대한 감사	Salamat sa Anak(2회)	Thanks to a child
15	행복의 귀환	Nagbalik na Kaligayahan(2회)	Return of happiness
16	진정한 왕	Ang Tunay na Hari(2회)	A true king
17	나쁜 사람	Masamang Tao	Bad human
18	행운의 새	Ibon ng Kapalaran	Lucky bird
19	이기심	Pag iimbot	Egoistic mind
20	미친 사람	Ang Sinto Sinto	Crazy person
21	루이스와 루시타	Si Luis at Si Lucita	Luis and Lucita

※ 1942년 수록 작품은 확인할 수 없음.

표 17 『바샹 할머니 이야기 선집(Ng mga Kuwento ni Lola Basyang)』 전 3권(페드리토 레예스 편, 알리완, 1962)의 작품 목록

번호	한국어 제목	타갈로그어 제목
	1권	
1	페리킹의 피리	Ang Plautin ni Periking
2	파식강 소용돌이에 사는 인어	Ang Sirena sa Uli-uli ng Ilog-Pasig
3	마리아 마킬링	Maryang Makiling
4	마법에 걸린 꼽추	Mahiwagang Kuba
5	거지와 결혼한 공주	Ang Prinsesang Naging Pulubi
6	왕을 물리친 하녀	Binibining Tumalo sa Mahal na Hari
7	겁 없는 페드로	Pedrong walang Takot
8	왕자 모세	Prinsipe Moises
9	공주가 된 시골 소녀	Dalagang Bukid na Naging Prinsesa
10	마리아 시누콴의 사랑	Ang Pag-Ibig ni Maryang Sinukuan

필리핀 국민동화 바샹 할머니 이야기

3권

10	다시 살아난 니타	Namatay na Muling Nabuhay
11	비단뱀의 보석	Ang Sula ng Sawa
12	난쟁이의 여왕	Ang Reyna ng mga Duwende
13	두 친구	Ang Dalawang Magnanakaw
14	악마의 손	Kamay ni Satanas
15	태양의 북쪽, 달의 남쪽	Sa Hilaga ng Araw Sa Timog ng Buwan
16	구리 반지	Ang Singsing na Tanso
17	잔혹한 왕	Ang Buhong na Raha
18	새로운 '정의로운 구즈만 장군'	Ang Bagong Guzman el Bueno
19	착한 페페가 받은 상	Mabuting Gatimpala
20	결혼식과 침례	Kasalan Binyagan
21	거인 카스못	Ang Higante Kasmot
22	왕의 판결	Ang Aping Pinagpala
23	아딴의 유물	Ang Relikaryo ni Attan
24	흰머리의 마리아	Si Maryang Puting Buhok
25	외국에서 부자가 된 첫 번째 필리핀 사람	Ang Uang Pilipinong Yumaman sa Ibang Lupain
26	아들의 복수	Ipinaghiganti ng Anak
27	술주정꾼 페드로	Si Pedrong Lango
28	아름다운 포로	Ang Magandang Bihag
29	돈 페드로의 복수	Higanti ni Don Pedro
30	두 도적	Ang Dalawang Magkaibigan
31	악당 후안	Huwan Tampalasan
32	난쟁이와 두 남자	Si Mabuti't si Masama
33	당신을 사랑합니다	Inlibig Kita
34	마법의 아가씨	Ang Babaing Mahiwaga

표 18 『바상 할머니 이야기 선집』전 2권(베라 레예스 편, 세브리노레예스 출판사, 1975)의 작품 목록

번호	한국어 제목	타갈로그어 제목
1권		
1	페리킹의 피리	Ang Plautin Ni Periking
2	파식강 소용돌이에 사는 인어	Ang Sirene Sa Uli—Uli Ng Ilog Pasig
3	마리아 마킬링	Maryang Makiling
4	더욱 겁쟁이가 된 남자(신비한 부적)	Lalo Pang Naduwag(Anting-anting)
5	세 왕자	Ang Tatlong Prinsipe
6	왕을 물리친 하녀	Binibining Tumalo Se Mahal Na Hari
7	여덟 명의 장님	Ang Walong Bulag
8	비단뱀의 보석	Ang Sula Ng Sawa
9	천국의 사기꾼	Lokohan Sa Langit
10	세 왕들의 왕	Ang Hari Nang Tatlong Hari
11	마법에 걸린 꼽추	Mahiwagang Kuba
12	황금산의 왕	Ang Hari Sa Bundok Na Ginto
13	세 친구의 양치기 골탕 먹이기	Ang Tatlong Nagpahigitan
14	왕자가 된 거지	Ang Pulubing Naging Prinsipe
15	난쟁이의 복수	Ang Higanti Ng Duwende
16	원숭이 공주	Ang Prinsesang Unggoy
17	커다란 황금마차	Ang Karosang Ginto
2권		
1	공주가 된 시골 소녀	Dalagang Bukid na Naging Prinsesa
2	술주정꾼 페드로	Si Pedrong Lango
3	제빵사의 등불	Mga Ilaw ng Panadero
4	원숭이 왕자	Ang Prinsiping Unggoy
5	마리아 시누콴의 사랑	Ang Pag—ibig ni Maryang Sinukuan

필리핀 국민동화 바상 할머니 이야기

6	아콩 에키트(엉터리 점쟁이)	Si Akong Ekit
7	마법의 쿠디야피	Ang Kudyasing Enkantado
8	한밤중의 식사	Pang Media Noche
9	거지와 결혼한 공주	Ang Prinsesang Naging Pulubi
10	겁 없는 페드로	Pedrong walang Takot
11	귀신에 홀린 남자	Sandaling Naengkanto
12	난쟁이와 두 남자	Si Mabuti't si Masama
13	말하는 해골	Ang Kalansay na Nangungusap
14	페드로 신부의 해골 군대	Ang Hukbo ni Pari Pedro
15	왕자 모세	Prinsipe Moises
16	잔인한 왕	Ang Haring Malupit

표 19 『바샹 할머니 이야기 정선(The Best of Lola Basyang)』(비엔베니도 룸베라 편, 길다 코데로 페르난도 영역, 타하난, 1997)의 작품 목록

번호	한국어 제목	영어 제목
1	마리아와 게	Maria Alimango
2	산티아고 카락다그	Santiago Karagdag
3	영리한 펜두코	Clever Penduko
4	잊힌 공주	The forgotten princess
5	용감한 팅	Ting the fearless
6	왕의 판결	Judgement of the king
7	도망간 공주	The runaway princess
8	두 도둑	The two thieves
9	잘생긴 재단사	The handsome tailer
10	누구의 머리가 잘릴까?(술탄 사이프)	Whose head will roll?

11	겁 많은 왕자	The cowardly prince
12	착한 페드로	Good Pedro

표 20 『앤빌 그림책 시리즈(*Anvil Picture Book Series*)』 전 20권(크리스틴 벨렌 편, 앤빌, 2004~2011)의 작품 목록

번호	한국어 제목	타갈로그어 제목	그림 작가	연도	언어
1	마법의 바이올린	Ang Mahiwagang Biyulin	Frances Alcaraz	2004	타갈로그어
2	신비한 장미	Rosamistica	Liza Flores	2004	타갈로그어
3	모기의 전설	Ang Alamat ng Lamok	Ruben De Jesus	2004	타갈로그어
4	페리킹의 피리	Ang Plautin ni Periking	Albert Gamos	2004	타갈로그어
5	난쟁이의 복수	Ang Parusa ng Duwende	Elbert Or	2004	타갈로그어
6	왕을 물리친 하녀	Ang Binibining Tumalo sa Mahal na Hari	Elbert Or	2005	타갈로그어 영어
7	코가 긴 왕자	Ang Prinsipeng Mahaba ang Ilong	Liza A. Flores	2005	타갈로그어 영어
8	새들의 왕자	Ang Prinisipe ng mga Ibon	Frances Alcaraz	2005	타갈로그어 영어
9	판다코통	Si Pandakotyong	Albert Gamos	2005	타갈로그어 영어
10	비겁한 왕자	Ang Prinsipeng Duwag	Ruben de Jesus	2005	타갈로그어 영어
11	마리아 세 자매의 남동생	Ang Kapatid ng Tatlong Marya	Frances Alcaraz	2007	타갈로그어 영어
12	난쟁이의 성	Ang Palasyo ng mga Duwende	Albert Gamos	2007	타갈로그어 영어
13	신비한 부적	Anting-anting	Hubert Fucio	2007	타갈로그어 영어
14	일곱 얼간이	Ang Pitong Tanga	Ruben de Jesus	2007	타갈로그어 영어
15	술탄 사이프	Ang Sultan Saif	Liza Flores	2007	타갈로그어 영어
16	마리아 시누콴의 사랑	Ang Pag-ibig ni Maryang Sinukuan	Blooey Singson	2011	타갈로그어 영어
17	열두 명의 쾌활한 공주	Labindalawang Masasayang Prinsesa	Abi Goy	2011	타갈로그어 영어
18	마법에 걸린 꼽추	Ang Mahiwagang Kuba	Sergio Bumatay	2011	타갈로그어 영어

필리핀 국민동화 바상 할머니 이야기

19	겁 없는 페드로	Pedrong Walang Tak	Martin Malabanan	2011	타갈로그어 영어
20	원숭이 왕자	Ang Prinsipeng Unggoy	Herbert Fucio	2011	타갈로그어 영어

표 21 『바샹 할머니 이야기 선집(Mga kuwento ni Lola Basyang)』(크리스틴 벨렌 편, 앤빌, 2005)의 작품 목록

번호	한국어 제목	타갈로그어 제목
1	마법의 바이올린	Ang Mahiwagang Biyulin
2	신비한 장미	Rosamistica
3	페리킹의 피리	Ang Plautin ni Perking
4	모기의 전설	Ang Alamat ng Lamok
5	새들의 왕자	Ang Prinsipe ng mga Ibon
6	난쟁이의 성	Ang Parusa ng Duwende
7	코가 긴 왕자	Ang Prinsipeng Mahaba ang Ilong
8	왕을 물리친 하녀	Ang Binibining Tumalo sa Mahal na Hari
9	판다코통	Si Pandakotyong
10	비겁한 왕자	Ang Prinsipeng Duwag

표 22 『바샹 할머니 이야기를 교실 테이블의 무대에 올려라』(크리스틴 벨렌 편, 앤빌, 2009)의 작품 목록

번호	한국어 제목	타갈로그어 제목
1	모기의 전설	Ang Alamat ng Lamok
2	마리아 세 자매의 남동생	Ang Kapatid ng Tatlong Marya
3	마법의 바이올린	Ang Mahiwagang Biyulin
4	난쟁이의 성	Ang Palasyo ng mga Duwende
5	난쟁이의 복수	Ang Parusa ng Duwende
6	일곱 얼간이	Ang Pitong Tanga

7	페리킹의 피리	Ang Plautin ni Perking
8	새들의 왕자	Ang Prinsipe ng mga Ibon
9	술탄 사이프	Ang Sultan Saif
10	신비한 부적	Anting—anting
11	신비한 장미	Rosamistica
12	판다코통	Si Pandakotyong

표 23 『바샹 할머니 이야기 선집(Mga kuwento ni Lola Basyang)』 1(크리스틴 벨렌 편, 타하난, 2005)의 작품 목록

번호	한국어 제목	타갈로그어 제목
1	파식강 소용돌이에 사는 인어	Ang Sirena sa Uli—Uli ng Ilog—Pasig
2	아콩 에키트(엉터리 점쟁이)	Si Akong Ekit
3	천국의 사기꾼	Lokohan sa Langit
4	마리아 마킬링	Maryang Makiling
5	겁 없는 페드로	Pedrong Walang Takot
6	공주가 된 시골 소녀	Ang Dalagang Bukid na Naging Prinsesa
7	마법에 걸린 꼽추	Ang Mahiwagang Kuba
8	말하는 해골	Ang Kalansay na Nangungusap
9	원숭이 왕자	Ang Prinsipeng Unggoy
10	여덟 명의 장님	Ang Walong Bulag
11	병약한 왕자	Ang Prinsipeng Masasakitin
12	세 왕들의 왕	Ang Hari ng Tatlong Hari

표 24 『바샹 할머니 이야기 선집』 2(크리스틴 벨렌 편, 타하난, 2012)의 작품 목록

번호	한국어 제목	타갈로그어 제목
1	거지와 결혼한 공주	Ang Prinsesang Naging Pulubi
2	페리킹의 피리	Ang Plautin ni Periking
3	커다란 황금 마차	Ang Karosang Ginto
4	비단뱀의 보석	Ang Sula ng Sawa
5	니콜라스	Nicolas
6	킹와강의 용	Ang Dragon sa Ilog ng Kingwa
7	왕을 물리친 하녀	Binibining Tumalo sa Mahal na Hari
8	텔레벵강의 도깨비	Ang Ilog ng Telebeng
9	황금 산의 왕	Ang Hari sa Bundok na Ginto
10	세 친구의 양치기 골탕 먹이기	Ang Tatlong Nagpalligsahan
11	새들의 왕자	Ang Prinsipeng Ibon
12	까다로운 왕자	Prinsipeng Mapaghanap

표 25 『바샹 할머니 이야기』에 수록된 105편의 작품 목록

번호	한국어 제목	영어 제목 타갈로그어 제목	내용 요약	수록된 책과 작품번호
1	모기의 전설	The legend of the mosquito Ang Alamat ng Lamok	인간을 괴롭히던 거대한 거인 라목을 죽여 없앴는데, 거인이 모기가 되어 인간을 괴롭히게 되었다는 전설. 원제목은 "Ang Parusa ng Higante"(The giant's curse=거인의 저주)	4-4 5-3 6-1
2	죽은 여인에게서 태어난 아이	The child of the dead Ang Anak ng Patay	아버지가 신분이 낮은 남자와 결혼하려는 임신한 딸을 죽였는데, 몇 달 뒤 딸의 관이 열리고 아이가 태어나고, 아버지는 감옥에 감.	1-3-9

3	왕이 된 거지의 아들	The beggar's child who became a king	거지의 아들로 태어났으나 왕이 된다는 예언을 받은 아우구스투스는 마사킴왕의 방해에도 불구하고 여러 사람들의 도움으로 살아나 공주와 결혼, 악마의 머리카락 세 가닥을 구해 오라는 임무도 무사히 수행하여 왕위를 물려받음.	1-2-16
		Ang Anak ng Pulubing Naging Hari		
4	왕의 판결	Judgement of the king	선하고 가난한 할리우가 친구의 도움을 받아 집을 지었는데, 그 친구가 시기하여 집을 빼앗기게 되자 필리핀 왕에게 재판을 받으러 가서 유리한 판결을 받음.	1-3-22 3-6
		Ang Aping Pinagpala		
5	저승사자	The enchanted lady	자선병원에서 목격된 이상한 여자에 관한 이야기. 병원에서 검은 옷을 입고 환자들을 문안하면 환자가 곧 죽어, 저승사자라 불림.	1-3-34
		Ang Babaing Mahiwaga		
6	새로운 '정의로운 구즈만 장군'	The new "righteous Guzman"	유럽 출신의 로버트 장군은 자기 아들이 큰 죄를 짓자, 아들의 처형을 감수하고 국가의 명예를 살린다. 사람들은 그를 새로운 '정의로운 구즈만'이라 부름.	1-3-18
		Ang Bagong Guzman el Bueno		
7	왕을 물리친 하녀	The maiden who defeated the king	피도 왕자가 왕의 하인의 딸 샤레이와 사랑에 빠진다. 왕이 낸 수수께끼를 샤레이가 지혜를 발휘해 해결하고 왕자와 결혼함.	1-1-6 2-1-6 4-8 5-6 8-7
		Ang Binibining Tumalo sa Mahal na Hari		
8	잔혹한 왕	The cruel king	왕이 '발라이'라는 여인에게 욕심을 품고 그녀의 남편을 죽이기 위해 음모를 꾸밈. 토모린은 가톨릭 성모를 찾아가 조언을 듣고 마법 손수건을 얻어 크리스털 구슬을 가져오는 등 임무를 수행함.	1-3-17
		Ang Buhong na Raha		
9	어머니의 고귀한 마음	The noble heart of a mother	아들의 병을 낫게 해 주면 자신은 눈이 멀어도 좋다는 피링. 그녀의 기도에 응답하는 예수. 병이 나은 아들이 어머니를 버리고 떠나자, 신에게 기도하는 어머니에 관한 이야기.	1-2-14
		Ang Dakilang Puso ng Isang Ina		

10	공주가 된 시골 소녀	The farmer maiden who become a princess Ang Dalagang Bukid na Naging Prinsesa	구알테리오 왕자는 평민 그리셀다를 사랑하여 비밀 결혼식을 올리고 아이도 낳았지만, 평민이라는 신분 때문에 그녀를 정식 왕비로 맞이하지 못함. 뒤에 공식적인 결혼식을 올려 신분 차이를 뛰어넘는 사랑을 보여 줌.	1-1-9 2-2-1 7-6
11	두 친구	The two friends Ang Dalawang Magkaibigan	부자 로페와 가난한 카스트로의 짓궂은 장난과 우정에 관한 이야기.	1-3-30
12	두 도둑	The two thieves Ang Dalawang Magnanakaw	늙은 도둑 바토와 젊은 도둑 킬라봇의 우정과 지혜를 그린 이야기.	1-3-13 3-8
13	킹와강의 용	The dragon in the Kingwa river Ang Dragon sa Ilog ng Kingwa	킹와강에 용이 나타나 여자 제물을 잡아먹으려고 할 때, 산티아고 성인이 나타나 용을 죽이고 여인을 구해 줌. 산티아고 성인과 가톨릭 신앙에 관한 이야기.	8-6
14	주기도문의 가치	The Lord's prayer Ang Halaga ng Isang "Ama Namin"	반란군 대장 타고토그가 전쟁 중 총칼에 죽지 않은 것은 부적이 아니라, 주기도문을 외웠기 때문이라는 이야기.	1-2-1
15	세 왕들의 왕	The king of the three kings Ang Hari ng(nang)Tatlong Hari	용감한 청년이 여행을 떠나 세 남자를 친구로 삼고, 여러 나라를 다니며 공을 세워 친구들을 왕으로 세운 다음, 자기는 집으로 돌아와 부모를 부자로 살게 해 주었다는 이야기.	1-1-21 2-1-10 7-12
16	황금 산의 왕	The king at the golden mountain Ang Hari sa Bundok na Ginto	후안이라는 용감한 필리핀 소년이 자기 나라를 떠나 마법 도구를 얻고 황금산 왕국에 도달, 시험을 통과하여 티카이 공주와 결혼하고, 왕이 됨.	1-1-14 2-1-12 8-9

17	잔인한 왕	The cruel king Ang Haring Malupit	내용 알 수 없음.	1-3-2 2-2-16
18	거인 카스못	Kasmot the giant Ang Higante Kasmot	가난해서 부모가 숲속에 다섯 형제를 버리자, 막내 카스못이 거인과 싸워 물리친 뒤 돈을 가지고 형제들과 집으로 돌아옴.	1-3-21
19	난쟁이의 복수	The dwarf's revenge Ang Higanti ng Duwende	주인이 어린 하인이 복권이 당첨되어 번 돈을 가로채자, 하인의 친구인 난쟁이가 돈을 빼돌려 복수함.	1-1-12 2-1-15
20	점에 난 황금 털	The golden thread of a single mole Ang Hilong Ginto ng Isang Taling	어떤 남자가 그리스의 고귀한 부인의 가슴에 점이 있으며, 그 점에 황금 털이 나 있는 것을 알고 부인을 모함한다. 여인이 지혜를 써서 위기를 해결함.	1-2-15
21	페드로 신부의 해골 군대	The army of priest Pedro Ang Hukbo ni Pari Pedro	어떤 부부가 페드로 신부로부터 아들이 20년 뒤 죽는다는 예언을 들은 뒤 아들을 신부에 맡겨 키운다. 뒤에 아들이 위험에 처하자 죽은 페드로 신부가 해골 군대를 이끌고 와 산적에게서 구해 줌.	1-1-19 2-2-14
22	황금새	The golden bird Ang Ibong Ginto	황금사과를 훔쳐 가는 황금새를 잡으러 여행을 떠난 막내 루테이가 새와 공주를 구해 오다가 형들에게 살해됨. 마법에 걸린 염소가 막내를 살려 주고, 염소는 왕자로 되돌아오고, 막내는 공주와 결혼함.	1-2-17
23	텔레벵강의 도깨비	The river of Telebeng Ang Ilog ng Telebeng	우멩이 텔레벵강에서 목욕하다가 도깨비들에게 잡혀 결혼도 했지만, 십자가를 만들어 도깨비들을 꼼짝 못하게 한 후 탈출, 티샤와 결혼하고, 금덩어리 덕분에 부자가 됨.	1-2-7 8-8

24	말하는 해골	The skeleton who talks	필리핀의 결핵 연구자 토렌티노 박사가 결핵치료법을 연구하다가, 연구실에서 말하는 해골을 통해 사랑과 결혼의 부조리를 알게 됨.	1–1–18 2–2–13 7–8
		Ang Kalansay na Nangungusap		
25	마리아 세 자매의 남동생	The brother of the three Marias	마리아 세 자매가 뱀에게 납치되어 신비한 왕들과 결혼함. 남동생 페드로는 마법 도구를 이용하여 하늘과 땅과 바다 왕국을 방문. 왕과 누이를 만난 뒤 귀한 선물을 받아 돌아옴.	1–2–22 5–11 6–2
		Ang Kapatid ng Tatlong Marya		
26	커다란 황금 마차	The large golden carriage	형들에게 무시당하던 막내 디와가 여행을 떠나 뱀꼬리를 먹고 힘을 얻고, 세 능력자를 얻어 왕이 내건 경쟁에서 승리하고 공주와 결혼함.	1–1–15 2–1–17 8–3
		Ang Karosang Ginto		
27	마법의 쿠디야피	The enchanted kudyapi	쿠디야피는 필리핀 전통 현악기임. 〈마법의 바이올린〉(29번)과 같은 내용으로 추정됨.	1–3–5 2–2–7
		Ang Kudyasing Enkantado		
28	아름다운 포로	The beautiful captive	신혼부부가 지방의 한 부족에게 잡히고, 부족장 아들이 여자를 강탈하려 하자 여자가 그를 죽인 뒤 경매 시장에 팔리게 됨. 남편이 아내를 구해 내는 이야기.	1–3–28
		Ang Magandang Bihag		
29	마법의 바이올린	The enchanted violin	젊은 하인이 늙은 여주인에게 친절한 행위를 해서 마법의 바이올린 받음. 하인은 그 바이올린을 연주하여 부자가 됨. 원제목은 "Bioling Mahiwaga 1, 2"(1937. 1. 22., 29.)	4–1 5–1 6–3
		Ang Mahiwagang Biyulin		
30	마법에 걸린 꼽추	The enchanted hunchback	마녀의 저주를 받아 꼽추가 된 왕자가 가난한 처녀 펠리로부터 키스를 받아 마법에서 풀려나고 그녀와 결혼함.	1–1–4 2–1–11 5–18 7–7
		Ang Mahiwagang Kuba		

31	마법 대장간	The enchanted forge	내용 알 수 없음.	1-2-12
		Ang Mahiwagang Pandayan		
32	마법 반지	The enchanted ring	왕이 밖에서 낮은 왕자에게 반지를 끼워 주고 헤어진 뒤, 나중에 아들이 위험에 처했을 때 그 반지를 보고 구해 줌.	1-2-20
		Ang Mahiwagang Singsing		
33	다시 살아난 니타	The dead who came back to life	외아들이 사망해 죽으려고 하던 니타가, 아들이 살았더라면 살인자가 된 환상을 보고 신에게 감사하며 깨어남.	1-3-10
		Ang Namatay na Muling Nabuhay		
34	마리아 시누콴의 사랑	The love of Maryang Sinukuan	바나하우란 남자가 여신 마리아 시누콴 공주와 시험을 이겨 내고 결혼하여 산으로 갔으며, 뒤에 시누콴산과 바나하우산이 되었다는 기원담.	1-1-10 2-2-5 5-16
		Ang Pag-ibig ni Maryang Sinukuan		
35	악마	The Evil	내용 알 수 없음.	1-3-6
		Ang Pakto		
36	난쟁이의 성	The palace of the dwarfs	'야니'라는 소녀가 계모에게 핍박 받다가 살해되지만, 난쟁이들의 도움을 받아 살아나 요정의 저주에 걸렸던 왕자를 구해 내고 그와 결혼함.	1-2-6 5-12 6-4
		Ang Palasyo ng Mga Duwende		
37	난쟁이의 저주	The dwarfs' curse	내용 알 수 없음.	4-6 5-5 6-5
		Ang Parusa ng Duwende		

38	두려움 없는 필리핀 사람	The fearless filipino	한 번도 두려움을 느껴 본 적 없는 필리핀 소년이 해외로 나갔다가 성에서 유령과 싸워 이기고 돈을 얻어 공주와 결혼함. 〈용감한 팅 (Ting the Fearless)〉과 같은 이야기 (1931. 8. 14.)	1-2-21 3-5
		Ang Pilipinong Di Maalam Matakot		
39	일곱 얼간이	The seven idiots	바보 이야기. 자기를 빼놓고 수를 세고, 노인 부부를 돕는다고 하면서 사고만 치는 일곱 얼간이의 이야기.	1-2-26 5-14 6-6
		Ang Pitong Tanga(=Ang Pitong Tarantado)		
40	페리킹의 피리	The flute of Peliking	페리킹이 마법 도구를 얻어 악한 판가시난주 주지사를 혼내고 형들을 구한 뒤 주지사의 딸과 결혼함.	1-1-1 2-1-1 4-3 5-4 6-7 8-2
		Ang Plautin ni Periking		
41	할리 공주	The princess Hali	락사 왕자가 거인을 만나 위기에 처하지만, 할리 공주의 도움으로 탈출하고, 공주와 결혼함.	1-2-23
		Ang Prinsesa Hali		
42	황금 머리카락을 가진 공주	The princess whose hair is golden	페르시아 왕의 양아들 셀모 왕자가 페리 공주를 사랑하지만 왕과 갈등이 생기고, 뒤에 공주와 결혼하여 왕이 됨.	1-2-10
		Ang Prinsesang Ang Buhok ay Ginto		
43	거지와 결혼한 공주	The princess who became a pauper	거만한 마팔다 공주가 결혼을 거부하다가 거지와 결혼하여 노동과 생활을 배운 후 검손해지고, 진실한 사랑과 결혼에 대해 깨달음.	1-1-5 2-2-9 8-1
		Ang Prinsesang Naging Pulubi		
44	원숭이 공주	The monkey princess	부왕의 임무를 받은 세 형제 중 막내 왕자가 어느 섬에서 원숭이 공주와 결혼한 뒤, 원숭이 공주의 도움을 받아 임무를 완수하고, 그녀를 마법에서 풀려나게 해 줌.	1-1-24 2-1-16
		Ang Prinsesang Unggoy		

45	비겁한 왕자	The cowardly prince	겁이 많아 전쟁을 피해 도망갔으나, 이웃 나라 공주와 결혼한 뒤 용기를 얻어 적과 싸워 승리한 왕자 이야기.	4-10 5-10
		Ang Prinsipeng Duwag		
46	새들의 왕자	The prince of the birds	새들의 왕자와 사랑에 빠진 싱싱 공주, 부왕이 그들의 사랑을 인정하지 않자 왕자와 함께 하늘나라로 사라진다.	4-5 5-8 6-8 8-11
		Ang Prinsipe ng mga Ibon		
47	코가 긴 왕자	The prince with the long nose	거인의 저주를 받아 코가 길어진 왕자가 마음씨 착한 공주의 사랑을 받고 저주에서 풀려남.	4-7 5-7
		Ang Prinsipeng Mahaba ang Ilong		
48	병약한 왕자	The sickly prince	우울증을 치료하러 궁 밖으로 나온 왕자가 평민 여인과 사랑에 빠지고, 사랑의 난관을 이기고 결혼함.	1-2-2 7-11
		Ang Prinsipeng Masasakitin		
49	원숭이 왕자	The monkey prince	원숭이처럼 못생긴 외모를 갖고 태어난 후안이 외국으로 여행을 떠났다가 그리스 공주를 만나 사랑하고, 요단강에서 목욕한 후 잘생긴 남자로 변신해 공주와 결혼함.	1-1-22 2-2-4 5-2 7-9
		Ang Prinsipeng Unggoy		
50	왕자가 된 거지	The pauper who became a prince	필리핀 거지 청년이 페르시아에 가서 공주와 결혼하고 부자가 됨.	1-1-11 2-1-14
		Ang Pulubing Naging Prinsipe		
51	흰 고양이	The white cat	공주가 마녀의 저주를 받아 흰 고양이가 되었다가 왕자의 사랑을 받고 다시 사람으로 돌아옴.	1-2-4
		Ang Pusang Puti		

52	아딴의 유물	Attan's relic	기독교인이 된 아딴이 이고로트 족장과 싸워 이긴 비결은 신부가 준 유물이 아니라, 신에 대한 믿음이었음.	1-3-23
		Ang Relikaryo ni Attan		
53	난쟁이의 여왕	The queen of the dwarves	계모에게 위협받던 공주가 난쟁이들과 함께 살면서 생명을 구함. 〈백설공주〉 이야기를 모티브로 함.	1-3-12
		Ang Reyna ng mga Duwende		
54	구리 반지	The copper ring	왕의 정원사 아들이 신비한 노인의 도움을 얻어 왕의 병을 고치고, 마법의 반지를 얻어 나중에 공주와 결혼함.	1-3-16
		Ang Singsing na Tanso		
55	잔인한 뱀의 휘파람	The whistle of the cruel snake	내용 알 수 없음.	1-2-27
		Ang Sipol ng Malupit na Ahas		
56	파식강 소용돌이에 사는 인어	The mermaid in the pool of the Pasig river	파식강에서 뗏목을 타던 시소가 인어 왕국에 가 인어 여왕과 결혼하고 행복하게 살았는데, 고향에 갔다가 인어 왕국으로 돌아오지 못해 여왕에게 살해당함.	1-1-2 2-1-2 7-1
		Ang Sirena sa Uli-uli ng Ilog-Pasig		
57	비단뱀의 보석	The Python's glowing jewel	뱀의 능력을 갖고 태어난 칼리스키스가 모험을 떠나 비단뱀의 입에서 얻은 보석으로 공주를 얻고 적과 싸워 이겨 카림바스 왕국의 왕이 됨.	1-3-11 2-1-8 8-4
		Ang Sula ng Sawa		
58	세 친구의 양치기 골탕 먹이기	The three who competed against each other	세 친구가 지나가던 양치기를 두고 내기를 벌여 양치기의 염소와 물소, 옷을 차례로 훔쳐 냄.	2-1-13 8-10
		Ang Tatlong Nagpahigitan		

59	세 왕자	The three princes	왕자 삼형제 중 막내 벤자민이 사랑한 평민 여인이 마녀에 의해 개구리로 변한다. 왕자의 사랑은 변치 않았고, 왕국에 전쟁이 나자 개구리의 조언을 듣고 왕자가 전쟁에서 승리하며, 인간의 모습으로 돌아온 여인과 결혼함.	1-1-13 2-1-5
		Ang Tatlong Prinsipe		
60	필리핀의 세 왕자	The three filipino princes	필리핀의 가난한 삼형제가 페르시아에 가서 마법 도구를 얻어 공을 세우고 왕자가 됨.	1-2-18
		Ang Tatlong Prinsiping Pilipino		
61	아버지의 세 가지 충고	The three advices of a father	내용 알 수 없음.	1-1-17
		Ang Tatlong Tagubilin ng Isang Ama		
62	외국에서 부자가 된 첫 번째 필리핀 사람	The first filipino who became rich in another land	외국 배의 선원이 된 필리핀 남자 베니또가 실의에 빠진 영국인 선원 구스타보를 도왔다가 그가 남긴 유산을 받고 엄청난 부자가 됨.	1-3-25
		Ang Uang Pilipinong Yumaman sa Ibang Lupain		
63	여덟 명의 장님	Eight blind	일곱 명의 장님이 코코넛 열매를 타다가 폭풍을 만나 나무에서 떨어져 죽는다. 남은 한 명이 절름발이와 여행을 떠났다가 큰 집에서 도적들이 두고 간 가방을 얻어 큰 부자가 됨.	1-1-23 2-1-7 7-10
		Ang Walong Bulag		
64	영리한 펜두코	Clever Penduko	어떤 곤경에 빠지든 기발한 방법으로 해결해 내는 펜두코. 그는 학교에서, 가정에서 특별히 영리한 모습을 보였고, 친구와 내기를 하여 승리하였으며, 그로 인해 가족이 큰돈을 벌게 됨.	3-3
		Si Pendukong Matalino		
65	돈 페드로의 복수	Don Pedro's revenge	성실한 형 페드로가 유산 때문에 동생에게 살해당하며, 뒤에 동생의 죄가 드러나 벌을 받게 됨.	1-3-29
		Higanti ni Don Pedro		

66	악당 후안	Villain John	99명을 살해한 악당 후안이 신부에게 고해성사를 하고 진실한 회개의 방법을 찾는 이야기.	1-3-31
		Huwan Tampalasan		
67	돌로 변한 후안	God desired everyone to live	시종 후안은 자신을 거두어 준 왕에게 은혜를 갚기 위해 왕자와 공주를 몸 바쳐 지키는데, 왕자와 공주에게 찾아오는 불행을 막다가 돌로 변함.	1-3-4
		Inibig Alah na Mabuhay na Lahat		
68	당신을 사랑합니다	Loving you	모든 재산을 잃은 영국 귀족의 딸이 아버지를 대신해 고릴라의 성으로 간다. 마법에 걸려 고릴라가 된 왕자는 귀족의 딸에게 청혼하고, 그녀가 몇 번 거절하다가 청혼을 받아 주어 결혼함.	1-3-33
		Inlibig Kita		
69	아들의 복수	Revenge of a child	내용 알 수 없음.	1-3-26
		Ipinaghiganti ng Anak		
70	악마의 손	The hand of satan	파산한 남자가 악마에게 기도해 모든 것을 돈으로 바꾸는 오른손을 갖게 됨. 큰돈을 벌지만, 그 손으로는 선행을 할 수 없어 고민하는 남자의 이야기.	1-3-14
		Kamay ni Satanas		
71	결혼식과 침례	A wedding and a baptism	좋은 가문에서 태어난 아들이 가난한 간호사를 아내로 선택하고 아기를 낳음. 그 아버지와 아들의 이야기.	1-3-20
		Kasalan Binyagan		
72	왕을 도와준 마녀	The enchantress who guides	왕의 도움을 받은 착한 마녀가 그의 요청을 받고 잘못하는 왕자를 도와주게 되는 이야기.	1-2-11
		Kung Tumangkilik ang Ada		

73	열두 명의 쾌활한 공주	Twelve merry princesses	열두 명의 공주가 밤마다 어디론 가 사라졌다가 돌아오고, 공주들을 지키지 못한 경비병들은 처형당함. 목숨을 걸고 임무를 자청한 실비오 가 공주들을 지키는 이야기.	1-2-24 5-17
		Labindalawang Masasayang Prinsesa(=Mga Masasayang Prinsesa)		
74	더욱 겁쟁이가 된 남자 (신비한 부적)	Became more of a coward (The amulet)	겁 많은 후안이 사랑하는 여자를 위해 용감해지고 싶어 용기를 준 다는 신비한 부적을 찾아 공동묘 지의 시체를 파내지만, 실패해 더 겁쟁이가 된다는 이야기.	2-1-4 5-13 6-10
		Lalo Pang Naduwag (Anting-anting)		
75	천국의 사기꾼	A cheat of heaven	변호사와 의사가 천국 문 앞에서 서성거리는데, 예수의 제자 베드 로가 천국 문을 지키고 열어 주지 않자 베드로를 속인 후 천국으로 들어감.	2-1-9 7-3
		Lokohan Sa Langit		
76	착한 페페가 받은 상	Good reward	남을 돕기 좋아하는 페페가 신비 한 마법의 도구를 얻는 이야기.	1-3-19
		Mabuting Gatimpala		
77	마리아와 게	Maria Alimango	계모 밑에서 고생하던 마리아가 죽은 모친이 환생한 게로부터 도 움을 얻어 행복을 찾아가는 신데 렐라형 이야기.	3-1
		Maria Alimango		
78	마리아 마킬링	Maria Makiling	티모가 마킬링산에 있는 마법의 절벽을 탐사 갔다가 마리아 마킬 링이라는 전설의 여왕을 만나 비 범한 생애를 살게 됨.	1-1-3 2-1-3 7-4
		Maryang Makiling		
79	제빵사의 등불	The lights of the baker	내용 알 수 없음.	1-1-20 2-2-3
		Mga Ilaw ng Panadero		

80	니콜라스	Nicolas	여자친구에게 실연당해 여행을 떠난 니콜라스가 거인에게 잡혀 원숭이가 되어 고난을 겪음. 나무 구멍 여왕에게서 '생명의 물병'과 '마법의 검'을 받아 거인과 싸워 이기고 집으로 돌아옴.	8-5
		Nicolas		
81	한밤중의 식사	For midnight dinner	한밤중에 돈 많은 부자와 사냥을 나간 남자가 홀로 돌아오는데, 부자의 옷에는 피가 묻어 있고, 그것을 본 자식은 아버지를 걱정하고 의심함.	1-3-1 2-2-8
		Pang Media Noche		
82	착한 페드로	Good Pedro	정의로운 아이 페드로의 짧은 생애를 그린 이야기. 부당한 일에 맞서 사람들과 매일같이 싸우지만, 엄마를 폭력에서 지켜 내고 선한 일을 하고 죽음.	3-12
		Pedrong Mabait		
83	겁 없는 페드로	Fearless Pedro	사탄에게 기도해서 낳은 페드로는 날 때부터 두려움을 모른다. 뒤에 유령도 두려워하지 않아 부자가 됨.	1-1-7 2-2-10 5-19 7-5
		Pedrong walang Takot		
84	요정의 장난	Toyed by a fairy	왕자가 부왕의 명령으로 신붓감을 찾으러 나왔다가 요정의 장난으로 먼 나라 공주를 만나 사랑에 빠지고, 결혼함.	1-2-19
		Pinaglaruan ng Ada		
85	왕자 모세	Prince Moses	내용 알 수 없음.	1-1-8 2-2-15
		Prinsipe Moises		
86	까다로운 왕자	The finicky prince	왕자가 신붓감을 고르지만 나르시즘에 빠져 이웃 나라에서 온 공주들을 박대했다가 마녀에 의해 몸이 백조로 변함. 왕궁 정원의 연못에서 노래도 부르지 못하다가 어느 소년을 위해 노래를 부르고 죽음.	8-12
		Prinsipeng Mapaghanap		

87	신비한 장미	A mysterious rose	정직하지 않은 방법으로 부자가 된 과부가 죽기 전 신부에게 고해 성사를 하는데, 하나님이 용서하시면 피어난다는 신비한 장미는 반응이 없어 고민함. 가톨릭 신앙과 회개에 관한 이야기.	1-3-3 4-2 5-2 6-11
		Rosa Mistica		
88	태양의 북쪽, 달의 남쪽	To the north of the sun, to the south of the moon	마법에 걸려 곰이 된 왕자와 가난한 가족을 위해 곰의 아내가 된 아가씨의 사랑과 운명 이야기. 못된 요정이 곰 왕자를 데려가고, 사랑의 요정이 막내딸에게 황금 빗과 마법 지팡이를 주어 왕자를 구하게 함.	1-3-15
		Sa Hilaga ng Araw Sa Timog ng Buwan		
89	귀신에 홀린 남자	Briefly enchanted man	결혼을 앞두고 한 여인과 사랑에 빠져 며칠 동안 집에 안 돌아온 남자의 이야기.	1-3-8 2-2-11
		Sandaling Naengkanto		
90	산티아고 카락다그	Santiago Karagdag	가난한 청년이 필리핀 장교를 돕고 인정받으며, 지혜로운 아내를 구하는 이야기.	3-2
		Santiago Karagdag		
91	아콩 에키트 (엉터리 점쟁이)	Akong Ekit	공부하기 싫은 아들이 엉터리 점을 치다가 유명해지고, 술탄도 돕고 공주와 결혼함.	1-1-16 2-2-6 7-2
		Si Akong Ekit		
92	푸송과 고릴라	Alialihang Pusong	자신의 농장에서 옥수수를 훔쳐가는 고릴라를 잡은 푸송이란 남자가 고릴라의 도움을 받아 왕으로부터 부자로 인정받고 공주와 결혼하게 되는 이야기.	1-2-13
		Si Alialihang Pusong		
93	잉공 불로	Inggong Bulo	고아 출신인 잉공 불로가 거지에게 지은 죄의 값과 친구와의 우정에 관한 이야기.	1-2-9
		Si Inggong Bulo		

94	난쟁이와 두 남자	The Good and the Bad	부잣집 주인의 두 하인이 신비한 난쟁이를 서로 다르게 대하고 이 용하다가 서로 다른 결과가 생김.	1-3-32 2-2-12
		Si Mabuti't si Masama		
95	흰머리의 마리아	White-haired Maria	전쟁 중 사라진 남편에 대한 사랑 을 깨닫고, 다시 만나 기뻐 머리가 하얗게 센 마리아의 사랑 이야기.	1-3-24
		Si Maryang Puting Buhok		
96	마우로 론세스바 예스 장군	Mauro Roncesvalles	왕과 모든 백성으로부터 존경받던 장군이 암살 공격을 받으면서 죽 은 체하고 자기 주위에 일어난 일 을 지켜본 이야기.	1-2-25
		Si Mauro Roncesvalles		
97	판다코통	Pandakotyong	작은 가게에서 재단사로 일하던 작은 몸집의 판타코통이 자신의 운을 믿고 여행을 떠나 거인과 곰 과 싸우고, 공주와 결혼함.	1-2-3 4-9 5-9 6-12
		Si Pandakotyong		
98	술주정꾼 페드로	Drunkard Pedro	술주정꾼 페드로가 집에서 쫓겨나 임마누엘 노인에게서 마법 지갑, 마법 물건, 마법 지팡이를 얻어 일 어난 이야기.	1-3-2 2-2-2
		Si Pedrong Lango		
99	누구의 머리가 잘릴까? (술탄 사이프)	Whose head will roll? (Sultan Saif)	술탄이 거지로 변장하고 궁전 밖 으로 나갔다가 손님 대접을 후 하게 한 양치기 부부는 상을 주 고, 반역을 꾀한 수상의 목을 벰. "Sultan Saif"는 1931년 7월 17일에 연재됨.	1-2-5 3-10 5-15 6-9
		Sino Ang Dapat Pugutan (=Sultan Saif)		
100	아벨의 승리	Success of the oppressed	착하고 꾀 많은 농부 아벨과 질투 많고 음흉한 이웃 농부 카인은 번 번이 부딪친다. 카인이 한 마리밖 에 없는 아벨의 소를 죽이고 괴롭 힌 때, 아벨이 꾀를 보여 주는 이 야기.	1-3-7
		Tagumpay ng Inaapi		

101	겁 많은 왕자	The cowardly prince	겁 많은 왕자가 여행을 떠나 이웃 나라 공주를 자기 왕국으로 데려 오고, 그 공주를 차지하려고 이웃 나라 왕자가 침략해 오자 이에 맞 서 싸워 승리함.	3-11
		Ang Prinsipeng Duwag		
102	잊힌 공주	The forgotten princess	평민을 사랑한 올가타 공주가 계 모에 의해 성 안에 갇히고 아들을 몰래 낳아 내보내는데, 뒤에 아들 이 성장하여 군대를 이끌고 와 공 주를 구하고 왕이 됨.	3-4
103	잘생긴 재단사	The handsome tailer	잘생긴 재단사가 자신이 수선하던 왕자의 사냥복을 몰래 입고 왕자 행세를 하면서 여행하다가 욕심을 부려 벌을 받음.	3-9
		Guwapong Satre		
104	도망간 공주	The runaway princess	나탈리아 공주가 늙은 장군과의 결혼을 거부하고 성 밖으로 도망 쳐 하녀로 일하면서 자신의 운명 을 개척함.	3-7
105	이것이 정말 정 의인가요?	Is it really justice?	사업하다 죽은 동생의 살인범을 찾는 형 알프레도, 범인이 밝혀지 고 살인범은 어이없이 죽는데, 형 이 죽은 동생을 위해 정의가 어디 있는지 질문함.	1-2-8
		Tunay Kayang Katarungan?		

※ 작품의 순서는 원작 제목의 알파벳순으로 매겼다. 맨 오른쪽의 작품번호는 앞서 살펴본 출판물 1~8의 번호와 수록 순서에 따라 붙였다. 번역하지 못한 아홉 작품의 내용은 빈칸으로 남겨 두었다. 이 아홉 종의 작품에 대해선 차후에 보완할 것이다.

필리핀 국민동화 바상 할머니 이야기

1 오타케 기요미(大竹聖美), 「1920년대 일본의 아동총서와 『조선동화집』」, 『동화와번역』 2, 건
   국대학교 동화와번역연구소, 2001; 강재철, 「조선총독부가 1913년에 전국적으로 실시한
   조선설화조사자료의 발굴과 그에 따른 해제 및 설화학적 검토」, 『비교민속학』 48, 비교민
   속학회, 2012; 권혁래, 「조선총독부 편 『조선동화집』(1924)의 성격과 의의」, 『동화와번역』
   5, 2003; 권혁래 역저, 『조선동화집』, 집문당, 2003(보고사, 2013); 김광식, 「다나카 우메키
   치와 조선총독부 편 『조선동화집』 고찰」, 『일본어문학』 61, 한국일본어문학회, 2013.

2 오타케 기요미, 「이와야 사자나미(巖谷小波)와 근대 한국」, 『한국아동문학연구』 15, 한국아
   동문학학회, 2008; 권혁래, 「근대초기 설화 · 고전소설집 『조선물어집(朝鮮物語集)』의 성격
   과 문학사적 의의」, 『한국언어문학』 64, 한국언어문학회, 2008; 「근대 한국 전래동화집의
   문예적 성격 고찰」, 『한국문학논총』 76, 한국문학회, 2017; 「일제 강점기 설화 · 동화집 연
   구」, 고려대학교 민족문화연구원, 2013; 권혁래 · 조은애, 「다카기 도시오 편찬 『조선교육
   옛이야기[新日本敎育昔噺]』(1917)의 서지와 해학의 미학」, 『한국문학과 예술』 27, 숭실대
   학교 한국문학과예술연구소, 2018; 김광식, 「나카무라 료헤이(中村亮平)와 『조선동화집』
   고찰」, 『일본어문학』 57, 한국일본어문학회, 2013; 「근대 일본의 조선 구비문학 연구」, 보
   고사, 2018; 김광식 · 이시준, 「다카기 도시오(高木敏雄)의 조선민간전승 〈조선동화집〉 고
   찰」, 『일본연구』 55, 한국외국어대학교 일본연구소, 2013.

3 김환희, 「옛이야기 전승과 언어 제국주의: 강제된 일본어 교육이 〈나무꾼과 선녀〉 전승에
   미친 영향」, 『아동청소년문학연구』 2, 한국아동청소년문학학회, 2008; 『옛이야기의 발견』,
   우리교육, 2008; 권혁래, 「1920년대 민담의 동화화와 심의린의 『조선동화대집』」, 『민족문
   학사연구』 39, 민족문학사학회, 2009; 「옛이야기, 동화로 쓰기와 박영만의 『조선전래동화
   집』(1940)」, 『동화와번역』 10, 건국대학교 동화와번역연구소, 2005; 김경희, 「심의린의 동
   화 운동 연구: 옛이야기 재구성을 통한 조선어문학 교육을 중심으로」, 서울대학교 박사학

위논문, 2016.

4   이에 대해서는 다음의 논저를 참고할 것. 오타케 기요미,『근대 한·일 아동문화와 문학관계사(1895~1945)』, 청운, 2005; 두전하,「한중일 프롤레타리아 아동문학연구」, 인하대학교 박사학위논문, 2015; 원종찬·김영순·두전하·류티쎙,『동아시아 아동문학사』, 청동거울, 2017; 권혁래,「'대동아권동화총서'에 나타난 제국의 시각과 아시아 전래동화총서의 면모」,『열상고전연구』61, 열상고전연구회, 2018;「다문화동화집 출간과 활용 연구: 이주민들이 안고 들어온 글로컬 문학에 대해」,『동화와번역』35, 건국대학교 동화와번역연구소, 2018.

5   Severino Reyes, *The Best of Lola Basyang*, Gilda Cordero-Fernando Trans., Makati City, Philippines; Tahanan, 1997, pp. 1~246.

6   Damiana L. Eugenio, "Philippine Folktales: An Introduction", *Asian Folklore Studies* 44, 1985, pp. 155~177.

7   일부 필리핀 민담이 번역되어 다음의 책들에 소개되어 있다; 조봉제 편,『세계의 민담』,『성실한 디오』(필리핀), 아카데미, 1984, 240~244쪽; 장익진 편,『이것이 필리핀이다!』, 6장 '필리핀의 전설·야화', 청조사, 1999, 315~401쪽; 김남일·방현석 저,『백 개의 아시아』,『필리핀 아이들이 가장 사랑하는 꾀돌이 쥐사슴, 필란독』, 아시아, 2014, 80~81쪽. 필리핀의 창조신화에 대해선 다음의 논문을 참조할 것; 김민정,「필리핀 창조신화의 주요 모티브」, 임봉길 외,『세계신화의 이해』, 소화, 2009, 153~179쪽. 최근에는 다문화문학이라는 개념과 범주에서 필리핀 동화가 소개되고 있다. 이에 대해선 권혁래,『다문화동화집 출간과 활용연구』(『동화와 번역』35, 건국대학교 동화와번역연구소, 2018) 및 2010년 이후 출간된 다문화그림책, 다문화동화집 등을 참조할 것.

8   문종구,『필리핀 바로 알기』, 좋은땅, 2012, 38~40쪽.

9   그동안 필리핀에서는 '바샹 할머니 이야기'의 첫 번째 작품의 발행일을 5월 25일 월요일이라고 하였는데, 잡지 발행일을 확인해 보니 5월 22일 금요일이었다. 수정할 필요가 있다.

10   '바샹'이란 한 지역의 이름이라고 한다.

11   Bienvenido Lumbera, "Introduction," *The Best of Lola Basyang*, pp. 19~21.

12   Bienvenido Lumbera, "Severino Reyes: The Man and His Work," Ibid., p. 13. 그런데 이 수치는 근거를 알 수 없다. 출판사 편집자는 세브리노가 1년에 56편을 썼고, 2년 동안은

첫해의 두 배인 112편, 5년 동안에는 첫해의 다섯 배인 280편을 썼다고 했는데, 이는 사실과 다른 것 같다. 크리스틴 벨렌이 마이크로필름을 보고 작성한 '작품 목록표'를 보면, 첫해인 1925년에는 5월 22일에 첫 작품을 발표한 이래 23회에 걸쳐 총 16종이 발표되었고, 1926년에는 52회에 걸쳐 30종, 1927년에는 52회에 걸쳐 33종, 1928년에는 52회 29종, 1929년에는 51회에 걸쳐 32종이 발표되었다. 5년간 230회(편) 총 100종이 발표되었으니, 이는 편집자가 말한 280종과는 차이가 있다. 편집자는 또 세브리노가 첫 작품을 발표한 날이 1925년 5월 25일이라고 했는데, 사실은 5월 22일이다. 이러한 작품 편 수와 출간일의 착오는 세브리노의 가족이나 출판사의 편집자조차 '바샹 할머니 이야기' 원전의 기본 성격이나 목록에 대해 정확한 사실을 모르고 있었음을 보여 준다.

13 이는 편집자가 다음에 쓴 항목에 있는 내용인데, 정확한 근거는 확인할 수 없다. Bienvenido Lumbera, "Severino Reyes: The Man and His Work," Ibid., pp. 13~14.

14 Ma. Delia Colonel, *Stories and Legends from Filipino Folklore*, University of Santo Tomas Press, 1968; 竹內一郎 譯, 『フィリピンの民話』, 東京: 靑土社, 1997.

15 이 작품은 필리핀 민담 〈마리아〉 등을 재구성한 것으로 보이는데, 주경철은 〈마리아〉라는 작품이 스페인의 영향을 받은 외래종 민담일 것이라고 추정하였다. 더 구체적으로는 스페인에서 남미로 전해진 이야기가 다시 필리핀까지 퍼진 것이라고 하였다(주경철, 『신데렐라, 천년의 여행』, 산처럼, 2005, 286쪽).

16 이 책의 「부록 1」 "크리스틴 벨렌 교수와의 인터뷰" 중에서. 하지만 이 용어가 세브리노 레예스의 창작수법을 특정하는 것인지에 대해서는 검토가 필요하다. 벨렌 교수는 '바샹 할머니 이야기'에 인물이나 서사수법 등에서 '신이함'이 많이 나타난다는 점을 '마술적 사실주의'라고 표현한 것으로 보인다. 세브리노 레예스의 동화에는 '환상적 수법'이 광범위하게 발견되기는 하지만, 이는 'fairy tale'의 일반적 특징이므로 적확한 용어라고 말하기는 힘들다. 또한 동화에 나타나는 '환상적 수법'과 20세기 후반, 군부독재에 시달리던 남미 국가의 작가들이 은유적이고 환상적인 스타일로 현실을 그렸다는 의미의 '마술적 사실주의(Magical Realism)' 개념은 분명한 차이가 있다('마술적 사실주의', 온라인 위키백과, 2017년 11월 7일 검색).

17 위 20책 중에서 타갈로그어로 된 1, 3, 5번 책은 대강의 내용만 파악했을 뿐이어서 본문에서는 간략하게만 기술할 것이다.

18 장덕순은 크게 신화·전설·민담 세 항목으로 나누고, 하위로 14개 항목을 두었다(장덕순, 『한국설화문학연구』, 서울대학교출판부, 1970, 11~41쪽).

19 최인학은 아르네-톰슨의 유형 분류방법과 일본 설화 유형 분류방법을 참고로 하여, 크게 동물석화·본격석화·소화·형식담·신화적 석화·기타로 나누고, 하위로 20개 항목을 두 었다(최인학, 『韓國昔話の硏究』, 東京: 弘文堂, 1970, 64~69쪽).

20 조희웅, 『한국설화의 유형적 연구』, 한국연구원, 1983, 17~26쪽.

21 조동일은 한국 실정에 맞는 새로운 분류방법을 제시하고, "이기고 지기·알고 모르기·속 이고 속기·바르고 그르기·움직이고 멈추기·오고 가기·잘되고 못되기·잇고 자르기"의 8 개 대항목으로 나누고, 32개의 하위 항목을 두었다(조동일 외, 『한국 설화유형 분류집: 한 국 구비문학대계 별책 부록(1)』, 한국정신문화연구원, 1989, 12~18쪽).

22 조희웅이 제시한 한국 설화 세부 분류표 내용은 다음과 같다. I. 동(식)물담: 1) 기원담, 2) 지략담, 3) 치우담, 4) 경쟁담, II. 신이담: 5) 기원담, 6) 변신담, 7) 응보담, 8) 초인담, 9) 운명담, 10) 주보담, III. 일반담: 11) 기원담, 12) 교훈담, 13) 출신담, 14) 염정담, IV. 소 담: 15) 기원담, 16) 풍월담, 17) 지략담, 18) 치우담('바보담'으로 대체), 19) 과장담, 20) 우 행담, 21) 포획담, 22) 음설담, V. 형식담: 23) 어희담, 24) 무한담, 25) 단형담, 26) 반복담 (조희웅, 앞의 책, 21~23쪽).

23 분류 항목의 순서는 조희웅의 설화분류표와 조금 차이가 있다. 해당 작품이 많은 유형부 터 앞에 놓았으며, 2차적 분류 항목은 1차 분류 항목 내에서 번호를 다시 매겼다.

24 List of Mga Kuwento ni Lola Basyang episodes. https://en.wikipedia.org/wiki/List_of_ Mga_Kuwento_ni_Lola_Basyang_episodes(2018. 7. 20. 검색)

25 "Ballet Manila's 'Lola Basyang' returns with three new stories"(https://lifestyle.inquirer. net/115129/ballet~manilas~lola~basyang~returns~with~three~new~stories/)

필리핀 국민동화 바샹 할머니 이야기

참고문헌

1. 기본자료

Reyes, Severino, *The Best of Lola Basyang*, Gilda Cordero-Fernando Trans., Tahanan, 1997.

Reyes, Vera ed., *Mga Kuwento ni Lola Basyang* 1~3, Aliwan, 1962.

Reyes, Vera ed., *Mga Kuwento ni Lola Basyang* 1~2, Severino Reyes Publishing Corporation, 1975.

『대동아권동화총서(大東亞圈童話叢書)』, 전 6권, 大阪: 增進堂, 1942~1944.

Aquino, Gaudencio V. ed., *Folk Narratives from our Forefathers*, Mandaluyong City, Philippines: National Book Store, 2001.

Bellen, Christine S. ed., *Mga Kuwento ni Lola Basyang ni Severino Reyes Anvil Picture Book Series* 1~20, Anvil, 2004~2011.

Bellen, Christine S. ed., *Mga kuwento ni Lola Basyang*, Anvil, 2005.

Bellen, Christine S. ed., *Mga kuwento ni Lola Basyang* 1, Tahanan, 2005.

Bellen, Christine S. ed., *Tara na sa entablado! : mga dulang pang-classroom ng mga kuwento ni Lola Basyang Reyes, Severino Rivera*, Anvil, 2009.

Bellen, Christine S. ed., *Mga kuwento ni Lola Basyang* 2, Tahanan, 2012.

Cole, Cook Mabel, *Philippine Folk Tales*, Chicago: A. C. McClurg and Co. 1916; 荒木博之 譯, 『フィリッピンの民間説話』, 東京: 岩崎美術社, 1972.

Colonel, Delia, *Stories and Legends from Filipino Folklore*, University of Santo Tomas Press, 1968; 竹内一郎 譯, 『フィリピンの民話』, 東京: 青土社, 1997.

Igoy-Escalona, Joanne Marie ed., *Philippine Folktales*, Mandaluyong City, Philippines: Anvil, 2015.

2. 단행본 및 논문

강재철,「조선총독부가 1913년에 전국적으로 실시한 조선설화조사자료의 발굴과 그에 따른 해제 및 설화학적 검토」,『비교민속학』48, 비교민속학회, 2012.

권혁래 역저,『조선동화집』, 집문당, 2003(보고사, 2013).

권혁래,「조선총독부 편『조선동화집』(1924)의 성격과 의의」,『동화와번역』5, 건국대학교 동화와번역연구소, 2003.

권혁래,「옛이야기, 동화로 쓰기와 박영만의『조선전래동화집』(1940)」,『동화와번역』10, 건국대학교 동화와번역연구소, 2005.

권혁래,「근대초기 설화·고전소설집『조선물어집(朝鮮物語集)』의 성격과 문학사적 의의」,『한국언어문학』64, 한국언어문학회, 2008.

권혁래,「1920년대 민담의 동화화와 심의린의『조선동화대집』」,『민족문학사연구』39, 민족문학사학회, 2009.

권혁래,「고전소설의 다시쓰기: 민족고전에서 고전콘텐츠로」, 박이정, 2012.

권혁래,「일제 강점기 설화·동화집 연구」, 고려대학교민족문화연구원, 2013.

권혁래,「필리핀 동화 '바상 할머니 이야기' 그림책 시리즈의 캐릭터와 서사 연구」,『스토리앤이미지텔링』14, 건국대학교 스토리앤이미지텔링연구소, 2017.

권혁래,「필리핀 전래동화 개척자 세브리노 레예스의『바상 할머니 이야기』고찰」,『동화와 번역』33, 건국대학교 동화와번역연구소, 2017.

권혁래,「근대 한국 전래동화집의 문예적 성격 고찰」,『한국문학논총』76, 한국문학회, 2017.

권혁래,「'대동아권동화총서'에 나타난 제국의 시각과 아시아 전래동화총서의 면모」,『열상고전연구』61, 열상고전연구회, 2018.

권혁래,「다문화동화집 출간과 활용 연구: 이주민들이 안고 들어온 글로컬 문학에 대해」,『동화와번역』35, 건국대학교 동화와번역연구소, 2018.

권혁래·조은애, 「다카기 도시오 편찬 『조선교육옛이야기[新日本教育昔噺]』(1917)의 서지와 해학의 미학」, 『한국문학과 예술』 27, 숭실대학교 한국문학과예술연구소, 2018.

김경희, 「심의린의 동화 운동 연구: 옛이야기 재구성을 통한 조선어문학 교육을 중심으로」, 서울대학교 박사학위논문, 2016.

김광식, 「나카무라 료헤이(中村亮平)와 『조선동화집』 고찰」, 『일본어문학』 57, 한국일본어문학회, 2013.

김광식, 「다나카 우메키치와 조선총독부편 『조선동화집』 고찰」, 『일본어문학』 61, 한국일본어문학회, 2013.

김광식, 「근대 일본의 조선 구비문학 연구」, 보고사, 2018.

김광식·이시준, 「다카기 도시오(高木敏雄)의 조선민간전승 〈조선동화집〉 고찰」, 『일본연구』 55, 한국외국어대학교 일본연구소, 2013.

김남일·방현석, 「필리핀 아이들이 가장 사랑하는 꾀돌이 쥐사슴, 필란독」, 『백 개의 아시아』, 아시아, 2014.

김민정, 「필리핀 창조신화의 주요 모티브」, 임봉길 외, 『세계신화의 이해』, 소화, 2009.

김환희, 「옛이야기 전승과 언어 제국주의: 강제된 일본어 교육이 〈나무꾼과 선녀〉 전승에 미친 영향」, 『아동청소년문학연구』 2, 한국아동청소년문학학회, 2008.

김환희, 「옛이야기의 발견」, 우리교육, 2008.

두전하, 「한중일 프롤레타리아 아동문학연구」, 인하대학교 박사학위논문, 2015.

문종구, 『필리핀 바로 알기』, 좋은땅, 2012.

오타케 기요미, 「1920년대 일본의 아동총서와 『조선동화집』」, 『동화와번역』 2, 건국대학교 동화와번역연구소, 2001.

오타케 기요미, 「이와야 사자나미(巖谷小波)와 근대 한국」, 『한국아동문학연구』 15, 한국아동문학학회, 2008.

오타케 기요미, 『근대 한·일 아동문화와 문학관계사(1895~1945)』, 청운, 2005.

원종찬·김영순·두전하·류티씽, 『동아시아 아동문학사』, 청동거울, 2017.

장덕순, 『한국설화문학연구』, 서울대학교출판부, 1970.

장익진 편, 「필리핀의 전설·야화」, 『이것이 필리핀이다!』, 청조사, 1999.

조동일 외, 『한국 설화유형 분류집:한국 구비문학대계 별책 부록(1)』, 한국정신문화연구원,

1989.

조봉제 편,「성실한 디오(필리핀)」,『세계의 민담』, 아카데미, 1984.

조희웅,『한국설화의 유형적 연구』, 한국연구원, 1983.

주경철,『신데렐라, 천년의 여행』, 산처럼, 2005.

최인학,『韓國昔話の研究』, 東京: 弘文堂, 1970.

Bellen, Christine S., *Bisa ng Pantasia: Ang Imahinasyon sa Mga Kuwento ni Lola Basyang ni Severino Reyes*, Master Thesis, Philippines National University in Diliman, 2003.

Eugenio, Damiana L., "Philippine Folktales: An Introduction," *Asian Folklore Studies* 44, 1985.

Paterno, Maria Elena, "A History of Children's Literature in the Philippines," *Bumasa at Lumaya: A Source Book on Children's Literature in the Philippines*, Anvil Publishing, 1994.

"Ballet Manila opens 2015 season with 3 'Lola Basyang' stories," inquirer.net, 2015. 8. 17.

"Who is Lola Basyang?," abs-cbn.com. 2010. 7. 14.